새 로 읽 는 논 어

새 로 읽 는 논 어

오구라 기조 지음 | 조영렬 옮김

교유서가

일러두기

1. (훈) 뜻으로 읽은 문장. 훈독문.
   (원) 원문.
   (역) 현대 일본어역.
2. 『논어』와 『맹자』는 아래 책에서 인용했다(훈독문, 원문, 일본어역)
   『논어』, 가나야 오사무金谷治 역주, 이와나미 문고, 1999/와이드판 2001
   『맹자』(상·하), 고바야시 가쓴도小林勝人 역주, 이와나미 문고, 1968/1972
   다만 본문에서 가나야 역을 따르지 않고 그 번역을 비판한 경우가 많다. 『논어』의
   정통적 번역을 먼저 이해하는 것이 중요하기 때문에 가나야 역을 실어두었다.
3. 인용문 뒤의 숫자는 원저의 쪽수를 가리킨다. 일본어역 뒤에 (가나야, 72쪽)이라고
   되어 있으면 가나야 오사무 역주 『논어』 72쪽에서 인용한 것이고, (오구라)는 필자의
   일본어역을 가리킨다. 『논어』 이외에서 인용한 것도 끝의 숫자는 쪽수를 가리킨다.

역자 일러두기

1. 이 책은 小倉紀蔵, 『新しい論語』(東京: 筑摩書房, 2013)를 번역한 것이다.
2. 『논어』의 편명에는 한자를 병기하지 않았다. 책 말미에 있는 『논어』 편명 일람을 참
   고하기 바란다.
3. 각주는 모두 역자가 붙인 것이다. 본문에 등장하는 일본학자의 저서나 논어연구서
   가운데 한국어판이 나와 있는 경우, 역자가 아는 범위 내에서 각주 등에 밝혀두었다.

아마도 이 책은 내가 지난날 8년간 한국에 살았던 경험 덕에 쓸 수 있었다고 말할 수 있을 것이다.

나는 1988년 3월에 서울대학교대학원 철학과(동양철학 전공)에 입학하여 1996년 3월까지 공부했다.

대학원 입학 구술시험에서 나는 "한국의 샤머니즘을 철학적으로 연구하고 싶다"고 말했다. 교수는 "샤머니즘에 철학이 있을까?" 하며 무서운 얼굴로 나를 노려보았다. 나는 '지금까지 샤머니즘을 철학적으로 연구한 업적이 아직 없으니까 그것을 연구하고 싶다'고 생각하고 있었지만, 그런 안이한 생각은 통용되지 않았다.

나는 이윽고 유교를 공부하게 되었다. 한국의 정신을 이해하기 위해서는 역시 무엇보다 유교, 특히 주자학이 중요하다는 사실은 두말할 나위 없었다.

그러나 내게는 주자학이라는 세계관이 순순히 매끄럽게 들어오지 않았다. 나는 한국에 오기 전, 도쿄에서 그야말로 포스트모던한 세계에서 살았던 사람이다. 일본에서는 1970년대 끝 무렵부터 포스트모던

이라는 시대사상이 꽃피었다. 표면적으로는 실로 화사하고, 찰나적이며, 종말의 예감에 가득차 있던 시대였다. 하지만 그 내실은 한마디로 '공허空虛'했다. 그것이 성에 차지 않았던 나는 대충 공허의 정반대처럼 보이는 '충일充溢(한국)'에 몸을 던졌던 것이다.

포스트모던 도쿄에서 갑자기 주자학의 본거지로 온 나는 마치 모종의 착오로 다른 별에 떨어진 우주인 같았다. 한국유교의 너무도 묵직한 압력을 견뎌낼 만한 정신력을 내 안에 기를 수 있을지조차 알 수 없었다.

나는 방황했다. 대학교정 뒤 관악산 중턱에서 나의 바위를 찾아내어 쭉 거기에 앉아 동학東學 경전을 읽었다. 바위 저 아래로 대학건물이 자그마하게 보였다. 주자학에 짓눌려 깨지려 하는 내 정신이 최제우의 가르침에 기댈 때였다.

그러나 나는 주자학이라는 학문의 진정한 매력에 점차 조금씩 물들어가는 것 같았다. 주자학은 안쪽 깊숙이 들어가면 들어갈수록 치밀하고 또한 풍요로웠다. 시간이 흐름에 따라 나는 진심으로 주자학자가 되고 싶다고 생각하게 되었다. 일찍이 도쿄에서 포스트모던의 아이였던 나는 어느 틈엔가 조선왕조 사대부들의 정신풍토를 동경하는 사람으로 바뀌어 있었다.

서울대학교에서 함께 공부한 학생들은 모두 놀라울 만큼 우수했다. 1980~90년대 한국에서는 동양철학이라는 오래되고 신선한 학문에 대한 정열이 소용돌이치고 있었다. 질풍노도의 시대였다고 말해도 좋으리라. 민주화를 이룩한 뒤, 한국이라는 사회를 어디로 이끌고 갈 것인가?

현실과 철학이 참으로 한몸이 되면서, 지知의 생명력이 타오르고 있었다. 그것은 도쿄에서는 전혀 볼 수 없는 광경이었다.

나는 필사적으로 공부했는데, 그 과정에서 뭔가를 알아차리게 되었다. 내 정신과는 결정적으로 다른 뭔가가 한국인 친구들에게 있다는 생각이 들었다. 그게 무엇인지 사색을 거듭했다.

이윽고 나는 그것이 스피리추얼리즘spiritualism이라 부를 만한 정신의 양태가 아닐까 생각하게 되었다. 동양철학적으로 말하자면, '기氣'의 정신이라 해도 좋을지 모르겠다. 이 우주에는 하나의 기가 흐르고 있고, 그 기는 단순한 물질이 아니라 생명력도 갖고 있다는 생각. 나는 그것을 체득하려 무진 애를 썼지만 역부족이었다. 그것에 다가섰다는 확실한 느낌이 든 적도 있었다. 그러나 그 느낌은 아무래도 오래 이어지지 않았다.

나는 결국 서울대학교에서 박사학위를 취득할 수 없었다. 이제 와서 생각하면, 당시의 나는 주자학의 가장 핵심이 되는 스피리추얼한 세계관을 체험으로 단단히 터득할 만한 수행이 부족했던 것 같다. 그러나 나는 이루 헤아릴 수 없을 만큼 많은 것을 한국에서 배웠다.

내가 유교와 동양사상을 스피리추얼리즘과는 다른 방법으로 파악하기 시작한 것은 한국을 떠나고 나서 긴 시간이 흐른 뒤의 일이다. 그것을 이 책에서는 〈제3의 생명〉이라는 말로 표현했다. 하지만 〈제3의 생명〉을 발견하게 된 근저에는 내가 한국에서 온몸으로 느꼈던, 극도로 스피리추얼리즘적인 지知의 분위기에서 느꼈던 강한 소외감이 있다. 청년시절 이후의 내 모든 사색은 한국과 한국적인 지知를 어떻게 파악할 것인가 하는 문제를 둘러싸고 빙빙 맴돌아온 것 같은 생각이 든다.

2014년 9월

오구라 기조

차례

한국어판 서문 · 5

들어가며 · 13

제1장 동아시아의 두 가지 생명관 · 17

제2장 공자는 누구인가 · 31

　1. 공자는 샤먼이었는가 · 32

　2. 공자와 〈애니미즘〉 · 50

　3. 균형감각이 뛰어난 사람, 공자 · 62

제3장 인이란 무엇인가 · 67

　1. 〈생명〉으로서의 인 · 68

　2. 〈제3의 생명〉과 인 · 94

제4장 군자와 소인 · 107

   1. 군자라는 이상理想 · 108

   2. 군자와 소인 · 122

   3. 군자의 위기 · 136

제5장 공자의 세계관 · 149

   1. 인과 예 · 150

   2. 지각상知覺像 지상주의至上主義 · 161

   3. 공자와 〈범령론〉 · 166

제6장 공자의 방법론 · 177

   1. 지각상 – 공자의 인식론 · 178

   2. 배우는 것과 생각하는 것 · 187

   3. 말하는 것과 행하는 것 · 195

제7장 공자의 위기 · 209

  1. 〈범령론〉의 대두와 침투 · 210

  2. 그뒤의 중국사상 · 222

  3. 일본의 경우 · 229

제8장 제3의 생명 · 241

  1. 〈제3의 생명〉이란 무엇인가 · 242

  2. 시와 〈생명〉 · 245

  3. 〈제3의 생명〉의 부활을 향하여 · 249

맺으며 · 254

역자 후기 · 260

『논어』 편명 일람 · 265

공자라는 철학자는 무엇을 말한 사람이었을까?

이 책은 여태까지 중국·조선·일본에서 이루어진 해석과 달리, 완전히 새롭게 공자를 이해하려고 시도한다.

기본 자세는 후대의 해석을 통해 본 공자가 아니라, 공자 그 사람의 세계관에 다가서는 것이다.

키워드는 〈애니미즘〉이다.

『논어』의 세계관에는 〈애니미즘〉의 색채가 짙다. 그러나 주자학 이후 동아시아에서는 〈애니미즘〉을 부정하고, 『논어』와 유교 전반을 〈범령론 汎靈論〉적으로 해석했다. 그것은 동아시아에서 〈범령론〉이 〈애니미즘〉을 몰아낸 최종단계였다(〈범령론〉 등의 용어에 관해서는 본문을 참조하기 바란다).

이 책에서는 그것을 『논어』 텍스트를 통해 밝히면서, 동아시아 〈애니미즘〉의 복권에 관해 철학적으로 논의해보고자 한다.

그 과정에서 이제까지 인류가 확실히 인식하지 못했던 생명관을 명확히 포착할 수 있을 것이다.

그것이야말로 공자라는 사람의 생명철학이다.

*

『논어』와 〈애니미즘〉, 이것이 오랜 해석의 벽을 가르는 출발점이 아닐까 싶다.

공자의 세계관은 맹자와는 달라서, 성性(인간성)과 천天(초월성, 혹은 명命)을 쉽사리 한데 묶지 않는다.

초월하지 않는다.

오히려 사람이 말을 하는 방식이나 낯빛, 날짐승과 들짐승의 울음소리, 다양한 것들이 서 있고 움직이는 방식 등을 중시하고, 형용사를 중요하게 여겼다.

그런데 공자가 죽은 뒤 맹자 시대쯤부터 이 〈애니미즘〉적 세계관은 도전을 받았고, 마침내 파괴되어버렸다.

'성과 천을 직결直結시켜, '인간'을 초월성과의 관계에서 파악하게 되었다.

그 완성형이 『맹자』와 『중용』이다.

이것을 '샤머니즘'적이라 해도 좋고, 동양적 '범령론'이라 해도 좋다고 생각한다. 또한 이성理性이나 선한 인간성의 보편성을 굳게 믿게 되었다(공자는 그러한 것을 그다지 믿지 않았다).

송대宋代 이래의 중국, 그리고 조선왕조 이래의 조선에서는 『맹자』적 세계관이 거의 모든 것을 지배했다.

일본에서 『맹자』적 세계관은 좀처럼 수용되지 않았지만, 막부 말기에 내셔널리즘과 결부되어 '양이攘夷나 국체國體'라는 개념에 흘러들었다.

그 완성형이 쇼와의 국체사상國體思想이다.

일본의 근대는 『맹자』적 세계관의 일본화라고 말할 수 있다.

중국이나 조선에서는 주자학 이래로 『논어』를 『맹자』적으로, 즉 〈범령론〉적으로 바꾸어 읽었다.

그리고 공자의 〈애니미즘〉적 세계관을 『논어』에서 완전히 몰아냈다.

그러나 『논어』의 본래 모습을 복원해보면, 주자학 이후의 독법과는 전혀 다른 〈애니미즘〉적 세계관이 모습을 드러낸다.

일본인이 전통적으로 (막부 말기에 이르기까지) 〈범령론〉적 세계관보다 〈애니미즘〉적 세계관에 친숙했던 데는 이유가 있다.

이제 동아시아 사상에 흐르는 두 가지 원류源流(『논어』와 『맹자』)를 확실히 구별하고, 각각의 장점을 따로따로 인식해야 한다고 본다.

이 책은 그런 인식으로 가는 작은 첫걸음이다.

제1장

동아시아의
두 가지 생명관

〈애니미즘〉과 〈범령론〉

㊞ 아직 생生을 알지 못하는데, 어찌 사死를 알겠는가.(「선진」)

㊞ 未知生, 焉知死.

공자는 이렇게 말했다. 이 단순한 말은 무슨 뜻일까. 예부터 해석이 분분했다. 한마디로 하자면, 이 말의 의미는 잘 알 수 없다.

하지만 그 '알 수 없음'은 실은 공자라는 사람에 대한 오해에서 생겨난 것이 아닐까.

무슨 말인가 하면, 이제까지 중국·조선·일본에서 『논어』를 다양하게 해석해왔지만, 모두 공자라는 인물을 오해하고 있다는 느낌이 들기 때문이다.

공자는 누구인가.

내 생각에 공자는 〈생명〉에 대한 동아시아의 두 가지 해석 가운데 한쪽을 대표하는 사상가였다. 두 가지 해석이란 〈애니미즘〉과 〈범령론〉이다. 그리고 공자는 바로 〈애니미즘〉을 대표하는 사상가였던 것이다.

〈범령론〉이라는 단어는 귀에 익은 말이 아닐 것이다. '범신론汎神論'이라 해도 좋겠지만, '신神'이라는 글자가 일신교적 신을 연상시키기 때문에 '신'이라는 글자를 피하여 여기서는 〈범령론〉이라 부르기로 한다. 〈범령론〉이란, 세계 혹은 우주가 하나의 '영靈(spirit)' 혹은 영적인 것으로 가득차 있다고 보는 세계관이다. 스피노자의 범신론도 큰 의미에서는 〈범령론〉인데, 동양에서는 '기氣 사상'이 대표적인 〈범령론〉이다. 왜냐하면 '기'라는 것은 순수한 물질이 아니라, 생명이나 넋을 포함한 '영적인 물질(spiritual material/spiritual matter)'이기 때문이다. 그러므로 우주 전체가 하나의 기로 되어 있다고 보는 도가나 유가 등의 기 사상은 〈범령론〉이라 할 수 있다.

〈애니미즘〉과 샤머니즘

공자 모친의 직업이 샤먼이었다거나, '유儒'라는 한자가 본래 기우祈雨라는 샤먼의 직무와 관계되었다 하는 따위를 이유로, 공자나 유儒와 샤머니즘의 관계를 논하는 것이 이제까지 유력한 설로 존재했다.

그러나 나는 공자가 샤머니즘보다 차라리 〈애니미즘〉에 더 가까운 사상가였다고 생각한다.

샤머니즘과 〈애니미즘〉은 자주 혼동되지만, 전혀 다른 사상이다.

샤머니즘은 '하늘(天)'이라는 초월적 존재를 믿고, 하늘과 지상地上을 매개하는 샤먼이 지상에 군림한다는 세계관이다. 모든 가치는 하늘에 있고, 하늘이 지상의 모든 것을 총괄한다. 따라서 샤먼은 하늘의 대리자로서 절대적인 권위를 갖는다. 왜냐하면 하늘과 하늘의 대리자 샤먼이야말로 보편적인 가치 자체이기 때문이다.

공자는 『논어』의 도처에서 이러한 샤머니즘 세계관을 비판하고 있다. 예를 들어보자.

孔 자 가라사대, 군자는 상달한다. 소인은 하달한다.(「헌문」)

㉑ 子曰, 君子上達, 小人下達.

보통 "군자는 고상한 것에 통하지만, 소인은 비천한 것에 통한다"(가나야, 286쪽)는 식으로 해석하는데, 결코 그러한 의미가 아니다.

'군자'는 〈애니미즘〉적인 교양을 갖춘 사람을 말한다. 그에 비해 '소인'은 샤머니즘적인 세계관의 소유자이다. 소인은 모든 것을 '하늘'의 보편적 가치에서 연역演繹하여 세속사회에 적용하려 한다. '하늘=위(天=上)'의 가치관을 보편이라 여기고 그것을 '지상=아래(地上=下)'의 세계에 힘으로나 권위적으로 들이민다. 이러한 연역적 방식을 '하달下達'이라 한다. '위에서 아래에 달達하는' 방향성을 지닌다.

그러나 군자는 그렇게 하지 않는다. 보편적이고 초월적인 가치 따위를 무조건 믿거나 하지 않는다.

"군자는 천명을 두려워하지만, 소인은 천명을 알지 못하고 두려워하지 않는다"(『논어』 「계씨」, "孔子曰, 君子 … 畏天命, … 小人不知天命而不畏也")는 말이 있긴 하지만, 이는 소인은 천명이라는 것의 본질을 알지 못하고, 함부로 연역적으로 하늘을 들이댄다고 비판한 것이다. 거꾸로 군자는 일상에서 접하는 가깝고 친숙한 것들을 철저하게 조사하고, 귀납적으로 하나하나 타당성을 확인하여, 믿을 만한 것에 접근해간다. 이러한 방법을 "하학下學하여 상달上達한다"(『논어』 「헌문」, "下學而上達")고 한다. 그러므로 공자는 천명을 아는 데 50년이라는 시간이 걸렸다.

왜 군자의 방법론인 '상달'이 〈애니미즘〉적인 것일까.

그것을 이해하려면 애니미즘이라는 세계관에 대한 잘못된 인식을 바꿀 필요가 있다. 사람들은 보통 애니미즘이라는 것을 '삼라만상森羅萬象에 생명·아니마·신 등이 깃들어 있다고 믿는 세계관이고, 그래서 바위나 나무 등에도 생명·아니마·신 등이 깃들어 있다고 생각'하는 것이라 알고 있다.

그러나 정말로 그러할까. 일본의 〈애니미즘〉을 생각해보자. '야오요로즈(八百萬)의 신'이란 말은 어떠한 의미일까. '야오요로즈'라는 말은 '모든 것'이라는 의미가 아니라 '한없이 많은 것'이라는 의미이다. 즉 삼라만상의 모든 것이 '신神'이라 말하고 있는 게 아니다. 같은 돌이라 하더라도 '신'으로 받들어지는 돌이 있는가 하면, 아무런 가치도 없다고 여겨져 되는대로 다뤄지는 돌도 있다. 같은 돌이라 하더라도 '신'인 돌과 그렇지 않은 돌이 있다. '신'이 '한없이 많이' 있다고 해서, 모든 돌이 '신'인 것은 아니다. 이것이 〈애니미즘〉의 세계관이다.

그렇다면 무엇이 '생명이나 신'이 되고, 무엇이 생명이나 신이 되지 않는 것일까. '하늘'이라는 초월적 존재가 그것을 결정하는 것은 물론 아니다. 그 마을이나 지역, 공동체 등의 구성원 다수가 어떤 돌에서 모종의 〈생명〉을 감지할 수 있고, 그것이 귀납적으로, '위에서 아래로'가 아니라 '아래에서 위로' 작동하는 인식에 따라 공동주관적共同主觀的으로 권위를 받으면 '생명이나 신'이 되는 것이다.

군자와 소인

공자는 모친에게서 샤머니즘의 세계관을 이어받았지만, 공자에게 더욱 중요한 것은 주周나라라는 국가를 지탱하고 있던 통치 이데올로기였다. 공자 자신은 은殷나라의 먼 후손이지만, 그가 태어난 곳은 주나라라는 찬란한 국가의 후예인 노魯나라였다. 그리고 공자는 주나라의 통치에서 가장 중요했던 것은 '예禮'라고 생각했다.

'예'란 씨족집단이나 향당鄕黨집단이 공동성을 견지하면서 나날의 생활을 착실하게 보내기 위한 관습·규범·문화이다.(향당에 관해서는 제4장 참조) 공자는 '예'가 초월적인 가치를 기준으로 연역적으로(하달적下達的으로) 형성된 것이 아니라고 보았다. 공동체의 오랜 역사 속에서 고유한 환경이나 조건 등의 제약을 받으며, 귀납적으로 꾸준하게 만들어져가는(상달上達) 것이다. 그리고 공동체적인 인간은 '예'에 근거해서 말하고 행동할 때 생명력이 가장 잘 발휘된다고 공자는 믿었다.

그런데 사실 공자 시대에는 주나라의 오랜 문화가 거의 사라져가고 있었다. 그 자리를 대신 차지한 것은 글로벌한 가치의 우위를 내건 패권지향적인 세력이었다. 글로벌한 세력은 우선 씨족사회나 향당사회에서 통용되고 있던 모든 중간적 가치를 박멸하려 했다. 그 운동을 담당한 것이 바로 '소인'들이었다.

그러한 움직임에 맞선 '군자'들은 '글로벌하고 보편적인 가치'에 대항하여, 씨족사회나 향당사회에서 무엇이 생명인가를 따지는 〈애니미즘〉적 세계관을 사수하려 했다.

㊞ 자 가라사대, 군자는 화和하고 동同하지 않으며, 소인은 동하고 화하지 않는다.(「자로」)

⊕ 子曰, 君子和而不同, 小人同而不和.

이 구절은, 군자는 씨족사회나 향당사회의 〈애니미즘〉적인 예를 지켜 조화調和를 이루지만 모든 것을 보편적 가치로 동일화시키지 않는 데 비해, 소인은 모든 것을 글로벌한 가치로 동일화시키고 그래서 적대자와 조화를 이루지 못하고 다툰다는 사실을 말하고 있다.

〈애니미즘〉을 받드는 공자는 사람의 안색이나 행동거지, 서 있는 모습이나 용모, 음색 등에 매우 민감했다. 새의 언어를 이해하는 제자 공야장에게는 딸을 시집보냈다. 또한 예를 들면,

⊛ 자 가라사대, 교언영색, 드물구나 인.(「학이」, 「양화」)
⊕ 子曰, 巧言令色, 鮮矣仁.

같은 구절은 연역적인 커뮤니케이션 능력이 높고 보편적인 가치를 체현體現한, 매끈한 얼굴을 한 글로벌한 인재를 가리킨다. 이러한 사람들은 씨족사회나 향당사회만의 '인仁'이라는 가치와 좀처럼 어울리지 못한다는 말이다.

공자와 그뒤의 사상

공자의 이러한 세계관은 독특한 생명관에 바탕을 두고 있다. 그것은 생명을 보편적인 현상이 아니라 특정한 공동체나 감성을 공유하는 집

단 속에서만 찾아볼 수 있는 현상이라고 보는 태도이다. 이것이야말로 〈애니미즘〉의 세계관이다. 어떤 돌이나 나무가 살아 있는지 여부는 무슨 보편적인 가치기준에 따라 연역적으로 결정되는 것이 아니라, 그 돌이나 나무를 보는 사람들의 집단적 감성에 의해 귀납적으로 결정된다고 보는 세계관이다.

하지만 이러한 〈애니미즘〉적 세계관은 결국 춘추전국시대 말기에 씨족사회나 향당사회가 무너지고 강대한 중앙집권적 통일국가가 형성되는 과정에서 완전히 설 자리를 잃었다.

공자의 〈애니미즘〉적 세계관을 혐오하던 글로벌한 세력은 보편적이고 샤머니즘적인 세계관을 채택했다. 그것이 도가道家에서 맹자孟子, 순자荀子, 법가法家로 이어지는 계보이다. '도가'는 이 세계를 지배하는 것은 귀납적인 〈애니미즘〉이 아니라 〈범령론〉적인 '도道'라는 궁극적 존재라고 생각하는 사상집단이다. '도'는 완전히 보편적이며, 모든 것은 거기에서 생겨나고 거기로 돌아간다. '도'와 '개별적 존재' 사이에는 일체의 매개물(습관·규범·문화 따위)이 없다. 이것은 오랜 씨족사회와 향당사회를 해체하려는 글로벌한 세력과 친근성이 있는 사상이다.

그리고 공자 학단學團의 후예이면서 도가의 영향을 받은 맹자가 유가의 세계관을 대폭 바꾸어버렸다. 맹자는 유가이지만, 공자와 같은 귀납적 방법론을 버리고 도가에서 배운 연역적 방법론을 과감하게 펼쳤다. 그것이 인의仁義이다.

맹자는 인의를 가지고 글로벌한 패권주의자들의 '리利'라는 세계관을 타도하려 했다. 그 점에서는 명백히 유가였지만, 생명관의 관점에서 보면 공자하고는 정반대이다. 맹자는 '생명이란 기氣이다'라고 생각하는 도가사상을 이어받고 있다. 앞에서 말한 것처럼, 그것은 〈범령론〉적인 세계관이다. 이 우주의 모든 것은 '영적인 물질(spiritual material/spiritual matter)'로서의 기로 이루어져 있다고 보는 것이다.

장자 계열의 도가는 제일의적으로는 생生을 보전하는 것을 중시하지만, 좀더 근본적으로는 생도 사死도 '기의 유동流動'에 불과하므로 가치는 똑같다고 본다. 하지만 맹자는 어디까지나 유가이므로, 생과 사를 엄격히 구별했다. 그러나 도가에서 '도'가 보편적인 것과 마찬가지로, 맹자는 '기나 (개물個物에 내재하는) 성性'이라는 보편성을 믿었다. 이러한 사고는 〈애니미즘〉적인 공자와는 전혀 다른 것이다.

중국에서는 그뒤 공자의 〈애니미즘〉적 생명관과 도가나 맹자의 〈범령론〉적 생명관이 길항하게 된다. 그러나 이윽고 낡아 보이는 〈애니미즘〉적 생명관은 망각되고, 『논어』에 보이는 공자의 말도 어느 사이엔가 의미가 분명치 않은 어떤 것이 되어버렸다. 『논어』의 주석은 모두 핀트가 어긋난 것이 되고 만 셈이다.

중국에서 〈범령론〉적 생명관의 완성형은 주자학과 양명학이다. 그들의 세계관에서 〈애니미즘〉적 생명관은 하등한 것이라 여겨져 철저하게 멸시당했고, 거의 완전히 밀려났다.

〈애니미즘〉적 생명관을 사회 속에 남겨둔 곳은 중앙집권적 전제체제가 강고했던 중국이나 조선이 아니라 오히려 일본이었다. 와카나 하이쿠가 보여주는 세계관은 명백히 〈애니미즘〉적이다. 신도神道라는, 본래 〈애니미즘〉적 요소가 강한 종교가 샤머니즘 계열 종교에 완전히 흡수되지 않고 그대로 남아 있었다는 점도 컸다. 그러한 생명관을 발달시킨 일본에서야말로 『논어』의 진정한 의미를 이해할 수 있는 것인지도 모른다.

그리고 이쯤에서 이 책에서 사용하는 용어를 간단히 설명해두고자 한다.

독자 여러분에게는 대단히 송구한 일이라 생각하는데, 이 책에는 내가 만든 새로운 말이 수시로 등장한다. 그것들은 이제까지 이 세상에 존재하지 않았던 신어新語라서, 어쩔 수 없이 그만큼 글을 읽기 어렵게 만들지 않을까 싶다.

하지만 이 책에서는 공자나 『논어』의 세계관을 이제까지와는 전혀 다른 방식으로 이해하려 한다. 과장해서 말하자면, 이것은 『논어』가 편찬된 뒤 2천 년이 넘는 역사에서 처음으로 이루어진 새로운 해석이다.

이 새로운 해석을 가능한 한 이해하기 쉽게 설명하려면 아무래도 새로운 용어를 만들 필요가 있었다. 이제까지 없었던 새로운 용어이므로 처음에는 다소 당황스러울지도 모르겠다. 생경한 용어를 몇 가지 늘어놓는 것은 이 작은 책자에 어울리지도 않거니와, 독자 여러분께도 매우 송구할 따름이다.

그러나 이 새로운 용어는 익숙해지기만 하면 아무것도 아닌 단순한 내용이다. 결코 난해하거나 복잡하지 않다. 아주 이해하기 쉬운 것들이다.

이 부분만 꾹 참고 읽어두면, 2천 년 넘게 의미가 분명하지 않았던 『논어』의 언어를 밝은 달처럼 환히 알게 될 것이다.

〈제3의 생명〉이란?

이 책에는 〈제3의 생명〉이라는 말이 나온다.

그것은 무엇일까. 우선 그것부터 설명해보자.

〈제3의 생명〉이란 이제까지 인류가 명확히 인식하지 못했던 생명을 가리킨다. 그렇다고 해서 스피리추얼리즘이나 오컬트occult, 초능력현상적인 개념을 가리키는 것은 아니다. 지극히 일상적이고 평범하지만, 사람들이 그다지 알아차리지 못하는 생명관을 가리킨다.

그 의미는 아래와 같다.

인류가 이제까지 명확하게 인식해온 생명은 크게 나누면 ①육체적·생물학적 생명, ②정신적·종교적 생명, 두 종류였다.

전자는 자연과학에서의 인식대상이면서 동시에 일상 생활감각에서의 '목숨'이라는 이중성을 지닌다. 하지만 이 생명은 일정한 시간의 경과나 물리적 손상 등으로 인하여 소멸되거나 파괴된다. 인간은 이에 대해 깊이 슬퍼하거나 견디기 어렵다고 느낀다.

그것을 구해주는 것이 후자의 종교적 생명관이었다. '육신은 소멸되어도 혼은 소멸되지 않는다'든지, '육체적 생명은 유한해도 신이 내려준 영靈의 생명은 영생한다'는 따위의 '이야기' 자체가 종교적 인식으로 강한 힘을 발휘해왔다.

이제 이 두 가지 생명관을 각각 〈제1의 생명〉, 〈제2의 생명〉이라 부르기로 하자. 〈제1의 생명〉이란 육체적·생물학적 생명이고, 〈제2의 생명〉이란 정신적·종교적 생명이다.

물론 이 두 가지 생명관의 내부에는 실로 다양한 변이가 존재한다. 그리고 이제까지 이루어진 생명론 연구는 주로 이 두 가지 생명관 '내부'의 다양한 변이에 관한 것이었다고 말할 수 있다.

그러나 이 책에서는 또 한가지 다른 차원의 다양한 생명관을 인류정신사에서 추출하고, 그것들을 종합하여 〈제3의 생명〉이라 부르기로 한다.

〈제3의 생명〉이란 생물학적 생명도 종교적 생명도 아닌 것이다.

그것은 〈애니미즘〉에서의 생명관이다. 앞서 언급했듯이, 일본적 〈애니미즘〉에서는 마을 등의 공동체 구성원 다수가 어떤 돌에서 모종의 〈생명〉을 감지할 수 있고, 그것이 공동주관적共同主觀的으로 권위를 받으면 '생명이나 신'이 되는 것이다.

이러한 〈생명〉은 육체적·생물학적 생명이 아니며, 어떤 보편성을 표방하는 종교적 생명도 아니다. 우연성·우발성의 지배를 받는, 관계성 속에서 모습을 드러낼지 어떨지 예측할 수 없는 〈생명〉이다. 이 책에서는 그것을 〈제3의 생명〉이라 부르기로 한다.

이제까지 말한 내용을 도식적으로 정리하면 아래와 같다.

〈제1의 생명〉 — 육체적 생명, 생물학적 생명, 상대적 생명, 물질적 생명, 개별적 생명

〈제2의 생명〉 — 비물질적 생명, 집단적 생명, 종교적 생명, 절대적 생명, 정신적 생명, 보편적 생명, 스피리추얼한 생명, 생기론적生氣論的 생명

예) 초월적 생명 — 영靈의 생명(기독교), 기氣(유교,

도가), 범신론→ 일신론과 범신론과 기 모두 〈제
2의 생명〉

〈제3의 생명〉 — 간주관적間主觀的 생명, 우발적 생명, 미적 생명, 〈사
이〉의 생명

〈제1의 생명〉 — 하나하나의 생명, 이것의 생명, 그 자체의 생명

〈제2의 생명〉 — 모든 생명, 초월하는 생명

〈제3의 생명〉 — 사이의 생명, 문득 드러나는 생명

그런데 이러한 〈제3의 생명〉관은 실은 일본적 〈애니미즘〉만의 전유
물이 아니다.

공자가 외친 '인仁'이라는 개념은 흔히 '도덕'이나 '사랑' 등으로 이해되
고 있지만, 좀더 정확하게는 인간이 둘 이상 있을 때 그 관계성 〈사이〉
에서 문득 드러나는 〈생명〉을 말하는 것이라고 생각할 수 있다. 즉 공
자의 '인'은 〈사이의 생명〉이라는 의미였던 것이다.

이런 공자적 〈애니미즘〉 역시 〈제3의 생명〉의 세계관이다. 이에 비
해, 〈범령론〉은 〈제2의 생명〉의 세계관이다. 이 책에서 〈범령론〉은 세
계(우주)에 하나의 보편적이고 비육체적인 생명이 가득하다고 보는 사
상 일반을 가리킨다. 그렇게 정의하면, 〈범령론〉은 전형적인 〈제2의 생
명〉론이다.

동아시아에는 〈제1의 생명〉 즉 생물학적 생명 외에, 〈애니미즘〉과
〈범령론〉이라는 두 가지 생명관이 있음을 알 수 있다.

또 애니미즘이라는 단어는 보통 삼라만상에 생명이나 아니마가 깃들어 있다고 보는 세계관을 가리킨다. 그런데 앞에서 언급했듯이 이 책에서 〈 〉를 붙여 〈애니미즘〉이라 한 것은 그것과는 전혀 다른 세계관이다. 이 책에서는 '삼라만상에 생명이나 아니마가 깃들어 있는 것이 아니라, 공동주관共同主觀에 의해 〈생명〉을 문득 드러내는' 세계관을 괄호를 붙여 〈애니미즘〉이라 가리킨다. 하지만 괄호가 붙어 있는지 어떤지에 대해서는 그다지 신경쓰지 않는 독자도 있을 것이다.

따라서 나는 괄호가 붙은 〈애니미즘〉을 괄호가 붙지 않은 애니미즘과 명확히 구별하기 위해 〈소울리즘soulism〉이라는 신어로 부르고자 한다. 〈범령론〉처럼 삼라만상에 영=스리핏spirit이 스며 들어 있다고 생각하는 것이 아니라, 〈생명〉이라는 것은 혼(soul)과 혼(soul) 〈사이〉에서 문득 드러나는 것이라고 보는 세계관을 가리킨다.

정리하면 다음과 같다.

〈애니미즘〉=〈소울리즘〉→〈제3의 생명〉
〈범령론〉→〈제2의 생명〉

공자나 『논어』의 세계관을 진정으로 알고 싶다면 꼭 이 다섯 가지 신어를 이해해주시기 바란다. 거꾸로 말해서, 이 다섯 가지 신어만 이해할 수 있다면, 2천 년 동안 오해되어온 공자나 『논어』의 세계관을 놀랍도록 말끔하게 파악할 수 있는 것이다.

그럼 잔소리는 이 정도로 하고 본론으로 들어가자.

제2장

공자는 누구인가

1. 공자는 샤먼이었는가

가지 노부유키의 유교론

공자는 누구인가?

이 물음에 관해 근년에 가장 설득력 있고 매력적인 설을 제기한 이는 가지 노부유키加地伸行이다. 1990년 저서 『유교란 무엇인가』(김태준 옮김, 지영사, 1996)에서 공자와 유儒에 관해 그가 내놓은 참신한 견해는 많은 사람들에게 충격을 주었다.

그 내용을 한마디로 요약하면, 공자는 상층 샤먼에 속한 인간이고, 그가 외친 것은 생명의 연속성을 근본으로 삼은 종교였다는 것이다.

가지 노부유키의 말을 들어보자. '원유原儒'라는 말은 '유교가 이론체계를 갖추기 전의 원형적인 모습, 혹은 그 담당자'를 가리킨다.

'공자는 누구인가'라는 물음에 대한 매우 중요한 대답인데, 우선은 가지의 설이 제시하는 공자상을 충분히 이해할 필요가 있으므로 여기에 다소 길게 인용한다.

원유原儒의 본질은 샤먼이다.

샤먼(천상의 신이나 혼 등 신령스런 것과 지상의 인간을 이어주는 능력을 지닌 기도사祈禱師)은 동서고금을 막론하고 도처에 존재하며, 그리 드문 존재는 아니다. 그러나 세계의 샤먼은 대부분이 그저 기도라는 소임에 시종하는, 속신적俗信的 수준에 머무른다. 하지만 유교는 원유의 샤머니즘을 바탕으로 삼아 효孝라는 독자적 개념을 만들고 이 효를 바탕으로 삼아 가족이론을 만들었으며, 나아가 정치이론까지 만들어내어 하나의 체계적 이론을 구성했다. 샤머니즘을 바탕으로 하여 정치이론까지(또 나중에는 우주론·형이상학까지) 보유하고 있는 이론은 아마도 세계에서 유교뿐일 것이다.(『유교란 무엇인가』, 52~53쪽)

유儒의 원천이 샤먼이었다는 것은 일본에서도 가노 나오키狩野直喜, 가토 조켄加藤常賢, 이케다 스에토시池田末利, 시라카와 시즈카白川靜 등이 주장했고, 일본에서는 오늘날 거의 정설로 받아들여지고 있다*(가지 노부유키는 이 계보의 흐름에 위치하며, 이 견해를 이미 『일본사상대계 29 나카에 도주中江藤樹』[이와나미 서점, 1974]의 해설에서 개진한 바있다).

가지 노부유키는 시라카와 시즈카의 견해를 이어받아 다음과 같이 말한다.

공자가 살았던 시대, 중국고대에 예부터 무축巫祝(샤먼)이 있었다. '유儒'는 본래 그 '무축'을 뜻하는 말이고, 유儒는 오랜 주술적 의례나 상장喪葬 등의 일에 종사하는 하층 사람들이었다. '유'에는 대유

---

* 시라카와의 주장은 『공자전孔子傳』(1991)의 한국어판(장원철·정영실 옮김, 펄북스, 2016)에서 확인할 수 있다.

大儒와 소유小儒가 있었던 것 같다. 즉 계층이 있었던 모양이다. 공자가 군자유君子儒와 소인유小人儒로 나눈 것도 그러한 사실에 근거하고 있는 것으로 보인다. 아마도 '소인유'는 상례喪禮의 기록 따위를 담당했고, '군자유'는 사유師儒라고도 부를 만한 지식층이었을 것이다.(『유교란 무엇인가』, 56~57쪽)

그러니까 샤먼인 '유'에는 두 그룹이 있었다는 말이다.

가지 노부유키가 인용했듯이, 가토 조켄도 군자유와 소인유를 다음과 같이 분류하고 있다(『중국고대의 종교와 사상』, 하버드 옌칭 도시샤 동방문화강좌위원회, 1954).

군자유 ─ 합리주의에 선 사상유思想儒, 공자와 그 교단이 이를 계승하고 정치에 관여함
소인유 ─ 평민유平民儒, 장제복서葬祭卜筮를 집행하는 의례유儀禮儒

가지 노부유키의 이야기를 계속 들어보자.

원유에서 소인유는 조직의 일원이고 군자유는 조직의 리더이다. 군자유는 지식분자이고 소인유는 기도를 담당하는 기능자이다. 여기에 분열의 원인 한 가지가 있었다. 군자유든 소인유든 예악을 잘 알고 있었겠지만, 군자유가 지향하는 예악은 전아한 예술성이나 장대한 국정國政 전례용, 대례용大禮用으로 확장될 가능성이 있었

다. 그러나 소인유의 예악은 예부터 내려온 기괴하고 난잡하며, 광란이나 황홀을 낳은 환정적喚情的이고 토속적인 것이었으리라. 공자는 끊임없이 '아雅'를 찾는 인물이었고, 소인유의 '야野'나 '외설外猥'를 싫어했다. 공자는 주정적主情的인 소인유를 부정하고, 주지적主知的인 군자유를 지향하게 된다. 그것은 '유'의 사회적 지위를 끌어올리려 한 것이기도 했다.(『유교란 무엇인가』, 79~80쪽)

요컨대, 샤먼에는 상층 샤먼과 하층 샤먼이 있고, 전자가 군자유, 후자가 소인유이다. 하층 샤먼은 고대 이래로 기도를 생업으로 하는 난잡한 사람들이고, 상층 샤먼은 전아한 지식인이다.

이 도식은 이해하기가 아주 쉽다. 상층 샤먼은 지적이고 아폴론적이며, 하층 샤먼은 토착적이고 디오니소스적이라는 말이겠다.

분명 샤먼이 이분화되었다는 것은 사실이리라. 하지만 공자가 상층 샤먼에 속하고, 하층 샤먼인 '소인유'를 비판했다는 주장은 아마도 잘못일 것이다.

가지 노부유키 설이 던진 충격

가지 노부유키의 『유교란 무엇인가』가 나왔을 때 나는 한국의 서울대에서 유교를 공부하고 있었는데, 간행된 뒤 곧바로 서울에 있는 서점에서 이 책을 구해 문자 그대로 탐독했던 기억이 어제 일처럼 떠오른다.

왜 그렇게 정신없이 몰두했을까.

당시 한국에서는 조선시대부터 내려온 전통에 따라 『논어』나 공자를 주자학적 틀에서만 파악했기 때문이다. 공자는 엄격한 성인이었다. 한 점의 흠도 없는 도덕적 완성자이고, 그 틀을 벗어나서 파악하는 것은 조금도 허용되지 않았다. 유교의 거대한 구축물을 배우는 것과, 견고한 도덕철학 체계를 받드는 것은 같은 의미를 지녔다. 『논어』를 읽는 것은 오로지 공자와 같은 완전무결한 성인에게 한 걸음이라도 더 다가서기 위한 일이었다. 유교와 관련된 모든 사람과 교육기관·시설·시공간이 엄숙함 그 자체였다. 그 중압감은 상상을 절하는 데가 있었다.

그러한 학문적 분위기 속에서 신음하고 있던 나에게 유교를 '생명의 종교'로 파악하고 공자를 샤먼 집단의 일원이라고 평한 가지 노부유키의 책은, 과장해서 말하자면, 하나의 생명줄과 같은 것이었다. 공자가 좀더 생생한 이미지로 떠올랐고, 유교가 우리의 생 자체와 이어져 있다는 실감을 얻을 수 있었다.

그러나 그것은 한국의 두터운 주자학적 전통에 결정적 손상을 입힐 만한 반격은 아니었다. 수백 년에 걸쳐 주자학을 신체화하고 사회화해온 한국의 전통은 중후하고 견고했다. 국민 대부분이 이제 와서는 자기들을 유교적이라거나 주자학적이라는 식으로 생각지도 않을 만큼, 그 전통은 무의식화되고 공기처럼 되어 있다. 가지의 책은 한국에서도 물론 읽히긴 했지만, 내가 아는 한 치명적인 타격을 주었다고 말할 수는 없었다.

인문계 학문에서 '충격(impact)'이라는 것은 '이것은 꽤 괜찮아서 참조할 만하다'라는 그런 종류를 가리키지 않는다. '이것 없이는 내 학문을 구축할 수 없다'는 정도여야 그렇게 부른다. 가지의 논의는 한국에서 '충격'이라 부를 만한 것으로 받아들여지지 않았다. 당연하다면 당연한 일이다. 아무튼 한국의 주자학적 전통에서 유교는 본래 한낱 학문이나 의례가 아니라, 사람들의 생과 사 모두를 지배하는 세계관이었기 때문이다. 말하자면 주자학적 한국에서 유교는 처음부터 '생명의 종교' 자체여서, 그것을 새삼스레 거론하는 것조차 부자연스럽다는 인식이 있었던 것이다.

그런데 일본에서는 달랐다. 일본의 전통에서 유교는 오로지 학문이자 가르침이었고, 의례적 측면조차 사회에 침투하지 않았다. 더구나 유교의 종교적 측면 따위는 완전히 사상捨象되었다. 이것이 일반적 인식이었다. 하지만 가지는 그렇지 않다고 갈파했다. 유교의 종교적 측면은 일본에도 충분히 스며들어 있다. 불교를 믿는 집안에서 왜 제단을 만들고, 위패를 세우며, 돌아간 사람이 좋아하던 물건을 그 앞에 두는가. 이것은 불교 교리로는 설명할 수 없는 현상이다. 중국적·유교적 영혼관으로 말하자면, 사람은 죽으면 혼魂과 백魄으로 나뉘고, '백'은 죽은 이가 살던 집이나 그 주변에 보존되지만 '혼'은 공중에 떠돈다. 그리고 정기적으로 제 살던 집에 와서 자손이 만들어둔 음식을 먹고 다시 돌아간다. 이것을 '제사'라고 부르는데, 제사의 근거는 '혼이 일정한 기간 사라져버리지 않고 모종의 인격성을 간직하면서 떠돌고 있다'고 보는 데 있다. 그렇다면 이것은 모조리 그대로 일본불교의 세계관에 도입되었음을 알 수 있다. 재齋를 올리는 이유는 무엇인가. 제단에 제물을 두는 이유는 무엇인가. 가지는 '이것은 불교가 아니라 유교의 세계관이다'라고 갈파했다.

이 견해는 일본사회에 커다란 충격을 주었다. 유교관이 일변했다고
해도 좋다.

샤먼, 군자, 소인

그러나 가지 노부유키가 일본사회에 커다란 충격을 주었다는 사실과
"공자는 샤먼이었다"는 주장의 타당성이 일직선으로 결부될 수는 없다.
유교의 '효'가 생명의 종교라는 견해나, 일본불교는 유교적이라는 견해
도 타당하다고 생각하지만, 그것과 "공자는 샤먼이었다"는 견해는 극단
적으로 말하면 **관계가 없기** 때문이다.

『논어』를 허심탄회하게 읽는 한, 아무래도 공자는 샤먼과 샤먼의 세
계관을 완전히 부정한 인물로밖에 생각되지 않는다.

공자 시대의 중국으로 들어가보자.

한없이 펼쳐진 평원. 저편에는 도도하게 흐르는 대하大河.

기원전 5세기의 중국이다.

관목 사이로 무척 고단하고 지친 듯한 나그네 무리가 멀리 보인다.
일행은 열 명쯤 될까.

메마른 대지 위를 계속 걷는다. 수레에 타고 있는 거구의 사내는 바
로 '공구孔丘'라는 인물일 것이다. 그 앞에는 '자로子路'라는 제자가 고삐
를 쥐고 있다.

이 대지는 도대체 무엇인가. 이 광대한 대지에서 지금 무슨 일이 일

어나려 하는가?

일찍이 은나라 때에는 가뭄이 들면 피가 흘렀다. 살아 있는 희생犧牲을 신에게 바치며 비를 내려달라고 빌었다. 희생의 양은 엄청났다.

하지만 은나라를 무너뜨린 주나라에서는 의례를 간소화하고, 기우제에 바치는 희생제물도 대폭 축소했다. 은나라 때보다 훨씬 합리적인 세계관이 성장했다고 할 수 있다.

그러나 그것은 '주周'라는 국가의 겉모습에 불과했다. 지식층이든 민중이든 그렇게 간단히 세계관을 바꿀 수는 없다.

이 대지에 흘러넘치는 것은 여전히 이매망량魑魅魍魎·귀신鬼神·괴이怪異·신화神話의 유형이었다. 그리고 주술사·무축巫祝 따위가 그것들의 위협에서 사람들을 구해주는 존재로서 권위를 누리고 있었다.

하지만 이윽고 주나라의 합리적 세계해석이 종교나 사회에도 스며들었다.

여태까지 선조숭배나 다양한 의례에서 기우제나 장례, 액막이까지를 담당하고 있던 무축(샤먼)들이 점차로 분화分化되었다.

상위에 있는 지식층 무축은 의례나 선조숭배, 효 같은 '표면에 드러나는 밝은' 세계를 담당하게 된다. 하지만 하위에 있는 비지식층 무축은 장례나 액막이 따위의 '이면에 숨어 있는 어두운' 세계를 담당하게 된다.

분명 공자가 나고 자란 환경은 샤먼적인 분위기가 짙었다. 모친 안징재顔徵在는 기도하는 일을 맡았던 샤먼이었다고들 한다. 하층 무축이었다는 말이겠다. 이것을 유儒(또는 원유原儒)라 한다. 공구가 어린 시절에

조두組豆라는 제기祭器를 늘어놓으며 놀았고, 의례 때에 행하는 자세나 동작을 흉내내며 놀았다는(『사기』「공자세가孔子世家」) 것도 이를 입증한다. '조組'는 희생을 올려 신에게 바치는 제기이고, '두豆'는 고기나 곡물 등을 올려 신에게 바치는 제기이다.

여기까지는 가지의 설과 같다. 그러나 내 생각은 이제부터 그와 달라진다.

가지의 설에 따르면, 공자는 그뒤 학문의 길로 나아가 원유에서 몸을 빼고 상층 샤먼이 되었다고 한다.

그 설에 따르면, 앞에서 인용했던 것처럼, 『논어』「옹야」 편에서 '군자유'라 부른 것이 상층 샤먼이고 '소인유'라 부른 것이 하층 샤먼이라는 말이 된다. 또한 본래 『논어』에서 자주 언급되는 군자와 소인의 대비에서, 군자가 상층 샤먼이고 소인이 하층 샤먼이라는 말이 된다.

가지 노부유키는 자신의 논어 번역서(『논어』, 고단샤 학술문고, 2004)에서는 '군자'를 '교양인'으로, '소인'을 '지식인'으로 번역했다. 「옹야」 편의 '군자유', '소인유'도 각각 '교양인', '지식인'으로 번역했다. 이것은 '유'라는 종교집단 중의 지도자가 군자이고 종교적 지식인이 소인이라는 규정에 근거한 번역이다. 여기에서는 하층 샤먼으로서의 소인이 『유교란 무엇인가』에서 다루는 그것보다 훨씬 더 '지식'이라는 요소에 수렴되고 있다. 소인유의 '야野'한 성격은 어디로 가버린 것일까. 하지만 본질적으로는 여기에서도 소인은 하층 샤먼이라는 점에 변화는 없다.

그러나 이 견해에 대해서는 몇 가지 의문이 든다. 자세한 것은 뒤(제4장)에 가서 논하겠지만, 만약 가지의 설이 옳다면 도대체 공자는 왜 그렇게 자주 하층 샤먼(소인)을 비판해야 했을까 하는 가장 큰 의문이 든다. 이미 상층 샤먼이 액막이나 초능력현상 따위의 하층 샤먼적 세계와 분리되어 정치 세계에서 확고한 지위를 구축하고 있었다면, 상층 샤먼인 공자의 적은 아직도 액막이나 초능력현상의 세계에 머물러 있는 하층 무축이 아니었을 터이다. 확실히 "괴력난신怪力亂神을 말하지 않는다"(「술이」)는 구절처럼, 하층 무축 세계와의 단절을 말하는 것처럼 해석할 수 있는 대목도 『논어』 여기저기에 보인다. 그러나 『논어』 전체의 주된 어조는 장례나 액막이를 담당하는 **비천한** 무축과 자기를 분리하려는 주장에 그다지 역점을 두지 않는다.

만약 『논어』에서 말하는 '소인'이라는 것이 기도나 기우제나 장례 따위에 종사하는 하층 샤먼을 가리킨다면, 공자가 그것을 집요하게 비판하는 이유는 단 한 가지이다. 공자 학단學團이 지향하는 세계의 건설을 방해하는 세력이 그러한 하층 샤먼이었다는 이유이다. 그리고 그러할 경우, 노나라나 제齊나라, 위衛나라 같은 곳에서 예전의 은나라를 방불할 만큼 주술적이고 기도의 성격을 띤 의례를 토대로 한 고대적 통치의 부활을 지향하는 세력이 힘을 떨치고 있는 상황이 존재해야 한다. 하지만 그러한 상황은 없었다. 현실의 통치 장면에서 고대적 주술이나 기도의 부활을 수단으로 새로운 합리적 의례에 대항하려 한 세력이 강대해진 사실은 없었다.

그렇다면 공자가 실로 집요하게 소인들을 비판할 이유는 어디에도 없는 것이다. 그런 작업을 해도 공자에게 전혀 이익이 없었고, 오히려 공자 학단과 하층 샤먼이 은미하게 결속되어 있지 않느냐는 의심을 사서 불이익을 당할 뿐이었으리라.

공자가 제 출신을 숨기고 싶어서, 본래 동류同類였던 하층 샤먼과 자신이 현재 속한 상층 샤먼을 엄격히 구별하려고 하층 샤먼을 집요하게 비판했다고 볼 수도 있긴 하다. 그러나 그렇게 쩨쩨하고 소심한 자의 말이 과연 2천5백 년간 사람들의 마음을 감동시킬 만한 힘을 가질 수 있을까. 2천5백 년간, 동아시아를 중심으로 하여 무수한 사람들을 감동시켜온 고전의 언어가 그런 시시한 의도에서 나온 말이라고는 생각할 수 없다.

공자에게는 공격하지 않으면 안 될 더욱 절실한 상대가 있었다. 모든 개인 및 집단은 자신의 존속이 극도로 위협당할 때, 위협하는 상대를 강하게 비판하는 법이다. 공자는 하층 샤먼을 강하게 비판해야 할 만큼 하층 샤먼들에게 위협당하지는 않았다. 오히려 공자 집단과 그들의 세계관을 강하게 위협하는 전혀 다른 세력이 존재하고 있었다.

그것은 당시 글로벌한 질서를 구축하려 한 세력이었다. 그들은 바로 가지의 설에서 말하는 상층 샤먼들이었다. 따라서 공자가 말하는 소인은 가지가 말하는 상층 샤먼을 가리킨다. 그리고 공자가 사수해야 한다고 생각했던 세력은 강력한 샤머니즘 세력에게 일망타진당하고 있던 〈애니미즘〉 세력이었다. 그러므로 공자가 말한 군자는 〈애니미즘〉적 세계관의 소유자를 가리킨다.

공자의 성장과정

이 문제를 생각하는 데 중요한 것은 역시 공자의 성장과정이리라.

공자의 젊은 시절을 알 수 있는 자료는 많지 않다. 『논어』에 단편적으로 기록된 비교적 신빙성이 높은 정보(공자의 육성)와, 『사기』 따위의 사료에 기록된 비교적 신빙성이 떨어지는 정보(간접정보)를 종합하여 정합적인 이미지를 만드는 수밖에 없다.

나는 다음과 같은 사항이 특히 중요하다고 생각한다.

① 공자가 어린 시절, 조두俎豆라는 제기祭器를 늘어놓으며 놀았고, 의례 때에 행하는 자세나 동작을 흉내내며 놀았다는 『사기』 「공자세가」의 기록.

②공자가 '열다섯에 배움에 뜻을 두고, 서른에 섰다'고 스스로 말한 『논어』 「위정」의 서술.

③공자가 '나는 젊었을 때 가난했다. 그래서 비사鄙事(보잘것없는 일)에 다능多能했다'고 스스로 말한 『논어』 「자한」의 서술.

④공자는 열아홉에 결혼했고, 1년 뒤에 장남이 태어났는데 그 이름을 리鯉라고 지었다는 것. 또한 장녀를 문인門人 공야장이라는 사내에게 시집보냈다는 것.

⑤공자가 젊었을 때의 직업은 마을 창고의 출납관리자나 희생 동물(소·양·말·닭·개·돼지)의 사육담당자였다는 것.

⑥이는 젊었을 때의 일은 아니지만, 노나라 태묘에 들어갔을 때 예에

관해 일일이 질문했다는 것. 이 일을 두고 '저 녀석이 예를 안다고 대체 누가 말했느냐'고 누군가가 헐뜯자, 공자가 '이렇게 하나하나 물어보는 것이 예'라고 말했다는 것(『논어』「팔일」).

이런 에피소드들을 살펴보면, 젊은 시절에 공자는 안정된 생활기반을 바탕으로 차분하게 고도의 추상적 학문을 닦을 만한 시간적·경제적 여유가 없었으리라는 점을 알 수 있다. 가지가 말하는 '상층 샤먼=군자유'가 고도의 합리적 학문을 쌓은 사람을 가리킨다면, 공자는 젊은 시절 그러한 학문에 접하거나 차분히 그러한 학문과 씨름할 여유를 가지지 못한 사람이었던 것이다.

공자의 젊은 시절 에피소드를 아무런 선입견 없이 해석한다면, 다음과 같은 청년 공구의 모습을 떠올릴 수 있을 것이다(구丘는 공자의 이름).

무엇보다 먼저 공구는 가난했다. 부친을 세 살(여러 설이 있다) 때에 잃었고, 모친을 열일곱 살(역시 여러 설이 있다) 때에 잃었다. 누이가 여럿 있었고, 또 다리가 불편한 이복형이 한 명 있었다. '비사鄙事(보잘것없는 일)에 다능多能했다'는 기록에 대해서는 나중에 자세히 논하겠지만, 기무라 에이이치의 표현을 빌리면, 공자는 젊은 시절 먹고살기 위해 다양한 '아르바이트'를 했다는 의미이다(『공자와 논어』, 소분샤, 1971). 직업을 고른다는 따위의 한가한 말을 할 처지가 아니었다. 부모는 이미 돌아가셨고, 부양해야 할 가족은 많았다.

아무것도 가진 게 없는 젊은이가 생활을 위해 앞뒤 가리지 않고 필사적으로 나섰을 때, 무엇을 가장 중요하게 생각했을까. 우선 직장에서 해고당하지 않는 일이다. 그리고 윗사람에게 인정받는 일이다. 해고당하지 않으려면 어떻게 해야 할까. 사람의 안색을 잘 살펴야 한다. 이 아르바이트에서 해고당하면 또다른 일을 찾으면 된다는 식으로 한가롭게 돈을 벌고 있었던 게 아니다. 말 그대로, 해고당하면 더는 생활이 안 되는 절박한 상황인 것이다. 그저 필사적으로 일하는 것만으로는 인정받지 못한다. 윗사람의 안색을 살피면서, 창고출납 일을 할 때는 창고에 곡물을 들이고 내가는 사람들의 표정이나 인간적 특징을 정확하게 파악했고, 또 동물사육을 담당할 때는 동물 한 마리 한 마리의 표정이나 생물학적 특징을 상세히 연구했을 것이다. 실제로 공자는 이런 일들에서 눈부신 성과를 올렸다고 한다.

그러나 후세에 '공자는 성인'이라는 '신화'를 만들어낸 세력은 젊은 공구의 이런 눈물겨운 노력을 조명하지 않았다. 성인이나 되는 존재가 젊은 시절에 윗사람이나 마을사람이나 동물의 표정과 안색을 살피고 있었다는 이야기는 매우 굴욕적이고 탐탁지 않았던 것이다. 특히 〈범령론〉적 공자상이 정착된 뒤에 공자는 그야말로 전지전능에 가까운 존재가 되었으므로, '비사에 다능'하여 소나 돼지의 번식에 정성을 쏟았던 청년 공구의 귀중한 세계관 따위는 유학사儒學史에서 거의 배제되고 말았다.

공자가 발견한 것

하지만 역사적 사실은 아마도 다음과 같았을 것이다.

공자는 하여튼 가난했다. 그가 몸에 익힌 것은 어머니 안씨에게서 물려받은 기도용 제기나 의례 흉내뿐이었다. 어린 시절에는 제기를 가지고 노는 걸 좋아했고, 장례나 기도에 대해서도, 따라서 귀신이나 영혼의 세계에 대해서도 비교적 잘 알고 있었으리라. 모친의 직업이었던 그 세계를 소년 공구는 소중히 여기고 존중했을지언정 결코 얕보거나 배척하지 않았다.

그러나 모친은 그것과는 다른 체계를 공구에게 익히게 했다. 그것은 상층 샤먼의 세계관이다. 구체적으로는 귀신이나 이매망량의 세계와는 격절된, 학문적이고 합리적인 의례 세계이다. 그러려면 무엇보다 문자를 익혀 책을 읽어야 했다. 모친의 그러한 바람도 있고 해서, 공구는 열다섯에 배움에 뜻을 두었다. 이 경우 '배움'이란 바로 '의례적儀禮的 학문'이고, 상층 샤먼의 지식 세계이다.

하지만 이 또한 천명이라 해야 할지, 공구가 열일곱 살(다른 설도 있다) 때에 모친 안씨가 세상을 떠버린다. 공구는 모친에게 배운 대로, 오보五父의 거리(십자로)에 모친의 시신을 안장했다. 이것은 바로 하층 샤먼의 일이었다(참고로 말하면, 조선에서는 식민지시대 이전에 처녀귀신이라 해서 미혼 여성의 시신을 십자로 땅속에 묻는 일을 샤먼이 맡아 했다).

공구는 갈 곳이 없었다. 배움에 뜻을 두었다고는 하지만 현실은 냉엄

했다. 공구는 생활을 위해 일거리를 찾아야 했다. 그리고 운 좋게 얻은 잡다한 일에 온힘을 쏟았다. 그에게 남은 것은 하는 일마다 세심하게 주의를 기울여 정성껏 처리해서 자신의 평판을 높이는 길밖에 없었다.

이 대목에서 그가 발견한 것이 매우 중요하다. 그것은 '일'은 결코 형식적인 것이 아니라는 사실이었다. 어렸을 때는 제기가 좋아서 만지거나 늘어놓는 것을 즐겼지만, 실제의 일은 그런 것이 아님을 명확하게 깨달았다. 상대가 인간이든 동물이든, 그것들은 진정 살아 있는 존재임을 깨달았다. 제기를 그저 늘어놓는다고 일이 되는 것이 아니고, 제기를 늘어놓을 때 〈생명〉이 드러나도록 하는 것이 일을 잘 처리하는 것이다. 똑같은 제기를 늘어놓았는데 왜 〈생명〉이 드러날 때가 있고 그렇지 않을 때가 있을까. 공구는 분명 필사적으로 생각했을 것이다. 그리고 사람과 동물과 사물 〈사이〉에서 마음이 교감되고 아름다움이 공유될 때 〈생명〉이 드러남을 지각할 수 있다는 사실을 알아차렸을 것이다.

그리고 예부터 전해져온 '예'라는 형식은 결코 한낱 획일화를 위한 형식이 아니라, 일정한 조건 아래에서 어떻게 할 때 〈생명〉이 가장 두드러지게 빛을 발하고, 공동체가 아름다움과 생명을 공유할 수 있는지에 대한 지혜가 축적된 체계임을 알아차렸던 것이다. '예'라는 것은 사람들의 자유를 속박하는 것이 아니라, 사람들의 공동체적인 〈생명〉을 자유롭게 개방하기 위한 장치라는 점을 알아차렸다.

'서른에 선다'는 말은 그것을 숙지하고 공동체 안에서 제몫을 훌륭하게 해낼 수 있는 어엿한 어른이 되었음을 말한다.

공자가 자기 아들에게 '리鯉'(잉어)라는 이름을 붙이고, 또 새와 이야기를 나눌 줄 아는 공야장이라는 사내에게 자기 딸을 시집보낸 것도 공자의 〈애니미즘〉적 성향 때문이리라. 공자는 그저 지적인 학문에만 정진하는 유형의 인간을 좋아하지 않았다. 오히려 새의 이야기를 이해할 수 있고, 시에 적힌 인간이나 동물의 감정에 공감할 수 있으며, 물고기와 새와 인간이라는 구분을 뛰어넘어 소통할 수 있는 인물을 이상으로 여겼다.

공자는 또한 커서는 '예'의 전문가로 자타 공히 인정하고 있었지만, 노나라 태묘에 들어가본 적도 없는 비천한 신분의 사람이었다. 그러나 권력중추에서의 예를 숙지하고 있는 관료(신분상의 군자)에게 멸시당해도, 공자는 제 신분의 비천함을 비하하지 않았다. 왜냐하면 공자에게는 예의 본질을 알고 있는 사람은 자신이라는 강렬한 자부심이 있었기 때문이다. 예의 본질은 형식이 아니다. 어떠한 타이밍에 어떠한 형식에서 〈생명〉이 드러나는가 하는 예와 인의 관계야말로 무엇보다 중요한 것이었다.

공자의 이상

'비사에 다능'했다는 것이야말로 공자의 인생 전반기에서 가장 특필해야 할 사실이었다.

하지만 '공자는 성인'이라는 선입견을 가지고 보다보니, '나는 젊었을 때 가난해서 이런저런 비천한 일에 능했다'는 매우 귀중하고 솔직한 공자의 고백을 무시하게 된 것이다.

공자가 이상으로 삼은 '군자'는 도덕적으로 완성되어 있는 사람이나 교양인이 아니다. 그저 '아무리 비천한 일일지라도 그 자리 그 자리에서 최고의 〈생명〉을 드러낼 수 있는 사람'을 가리키는 말이다. 그러므로 "군자불기君子不器"(『논어』「위정」)라고 한 것이다. 이것은 2천 년 동안 '군자는 그릇처럼 특정한 용도가 미리 정해져 있는 존재가 아니다, 군자는 스페셜리스트가 아니라 제너럴리스트이다'라는 의미로 해석되어왔다.

그러나 이 말의 핵심은 거기에 있지 않다. 군자는 특정한 일에서만 인仁을 발휘할 수 있는 인물이 아니라, 중요한 일이든 하찮은 일이든 구별 없이 모든 일에서 '인仁이라는 〈사이의 생명〉'을 빛낼 수 있는 사람이라는 의미이다. '군자는 제너럴리스트이다'라고 해석해버리면, 마치 군자는 개개의 특수한 일에서는 스페셜리스트적 능력을 발휘하지 않아도 좋은 사람이라는 의미가 되어버린다. 이것은 후세에 맹자가 '대인大人'이라는 개념으로 도덕적 제너럴리스트를 정립한 것에 영향을 받은 '군자해석'이다. 또한 유자들이 황제의 관료로서 통일제국의 정치·행정·사법을 한 손에 담당했던 시대에 자기들을 도덕적인 반反스페셜리스트로 규정하고 싶은 욕구에 딱 들어맞는 해석이었다. 유교사회에서 기술자를 멸시하게 된 근원인 것이다.

하지만 공자 시대에 황제의 관료였던 유자 따위는 어디에도 없었고, 더구나 공자가 말하는 군자는 송대 이후의 과거科擧관료나 사대부들과는 전혀 닮은 데가 없는 사람이었다. 그런데도 송대 이후의 과거관료나 사대부들은 스스로를 공자가 말하는 군자라고 착각했다. 마을사람의 안색이나 동물의 성행위 따위의 '비천한 일'에는 전혀 관심을 두지 않고, 오로지 〈범령론〉적인 형이상학에 매진한 주자학적 사대부들이 공자가 말하는 군자라고 자임한 것만큼 대단한 희극도 없을 것이다(다만 모든 주자학자가 비천한 일에 무관심했던 것은 아니다).

2. 공자와 〈애니미즘〉

진리는 위에 있지 아니하다

공자는 무축(샤먼)이 아니었다.

오히려 그는 샤머니즘을 싫어했다. 그리고 그가 싫어한 샤머니즘은 상층 샤머니즘이었다. 모친의 생업이었던 하층 샤머니즘에 대해서는 "귀신을 공경하되 멀리한다(귀신을 공경하면서도, 공경하기 때문에 함부로 다가가지 않는다)"(『논어』「옹야」, "敬鬼神而遠之")는 태도를 취했다.

공자가 〈애니미즘〉(내 용어로는 〈소울리즘〉)을 받들며 (상층) 샤머니즘을 싫어한 이유를 간단히 말하자면 다음과 같다.

공자는 '진리는 위에서 아래로 내려오는 것이 아님'을 분명하게 말했고, 공자의 혁신성의 본질은 여기에 있다. 그런 의미에서 공자를 인간주의자라 부르는 것은 틀리지 않는다. 즉 진리는 하늘이나 신에게 있는 것이 아니라, 사람과 사람 〈사이〉에 있다고 공자는 선언했던 것이다.

다만 공자가 샤머니즘적 세계관에 친숙했음을 보여주는 듯한 말이 『논어』 곳곳에 보이는 것 또한 분명하다.

예를 들어 다음과 같은 장이다.

㉗ 자子, 질疾이 병病하셨다. 자로가 빌기를 청했다. 자 가라사대, 이것이 있느냐. 자로 대답하여 가로되, 이것이 있습니다. 뇌誄에 가로되, 너를 상하의 신기에 빈다, 했습니다. 자 가라사대, 구가 빈 지 오래되었다.(「술이」)

㉑ 子疾病, 子路請禱. 子曰, 有諸, 子路對曰, 有之, 誄曰, 禱爾于 上下神祇, 子曰, 丘之禱久矣.

㉎ 선생의 병환이 중했으므로, 자로는 기도하기를 원했다. 선생께서 "그러한 일이 있더냐" 물으시자, 자로는 대답했다. "있습니다. 뇌에 '너의 일을 천지의 신들에게 빈다'는 말이 보입니다." 선생께서 말씀하셨다. "내 빈 지 오래되었다.〔허황되게 빌 일은 없다.〕"
(가나야, 148~149쪽)

이 문장은 해석하기가 매우 어렵다.

'상하上下'는 '천지天地'이고, '신기神祇'의 '신'은 '천신', '기'는 '지신'이다.

뇌誄(미상)에 적힌 이 말을 샤머니즘적 세계관이라 해석한다면, 자로는 병이 위독해진 공자를 위해 샤머니즘의 기도를 하고 싶다고 말한 것이다. 그리고 공자가 "구지도구의丘之禱久矣"라고 한 말을 '그런 거라면 나도 벌써 빌어두었다'는 의미로 본다면, 공자 또한 자로와 마찬가지로 평소부터 여차할 경우에는 샤머니즘적 세계관에 의지했다고 해석할 수 있다.

그러나 이 장은 그러한 의미가 아닐 것이다. 요시카와 고지로의 해석이 좋다.

공자는 신의 존재를 의식하지 않았던 것은 아니다. 그러나 신은 공자에게 지원을 요구할 만한 성질의 것이 아니고, 인간이 자주성을 지니고 올바르게 행동한다면, 신은 자연히 인간을 돕는다고 생각했던 것으로 보인다. 고주古注에 인용된 공안국孔安國은 말한다. '공자의 평소 행동은 신명神明에 합합했다. 그러므로 구가 빈 지 오래되었다고 말한 것이다.'(『논어 (상)』, 아사히 선서, 1996, 250쪽)

그러니까 공자는 샤머니즘의 신에게 비는 것을 '빈다'고 말한 것이 아니다. 일상에서 〈생명〉을 빛내기 위해 부단히 노력하는 것 자체가 인간공동체의 생명 에너지를 높인다. 그리고 그것을 통해 천지의 신의 생명에너지도 높아져, 공동체와 자연이 함께 어우러지며 〈생명〉을 빛낸다. 그것이 곧 '빈다'는 행위이다.

'비는 것'은 우선 하늘이라는 초월적 존재, 가치의 원천으로서의 존재가 위쪽에 있고, 아래쪽에 있는 자가 수직적인 방향성을 지니고 그것에 기원하는 '샤머니즘'적 구도가 아니다. 인간공동체와 천지·자연은 상하의 가치적 서열을 이루는 것이 아니다. 공자에게는 어디까지나 세속적인 일상의, 이 세상 이 세계에 존재하는 〈생명〉이 가장 중요한 관심사였다.

하늘을 믿지 않는다

공자는 또 하늘에 대해서도 그다지 많이 말하지 않았다. 오히려 하늘을 의식적으로 피했다는 인상을 받는다.

다만 어쩔 수 없이 궁지에 빠졌을 때나 비탄에 잠겨 세월을 보낼 때, 감정이 보통 때와 달리 고조되었을 때에 저도 모르게 하늘이라는 말이 툭 튀어나왔다. 그런 때에는 왕왕 하늘이라는 말을 두 번 되풀이하는 버릇이 있다.

공자 일흔한 살, 가장 아끼던 제자 안회顔回(이름은 회回, 자는 자연子淵, 따라서 안연이라고 한다)가 젊어서 죽었을 때에는 다음과 같이 절규했다.

ⓗ 안연이 죽었다. 자 가라사대, 아아, 하늘이 나를 망치는구나, 하늘이 나를 망치는구나.(「선진」)

ⓦ 顔淵死. 子曰, 噫, 天喪予, 天喪予.

ⓔ 안연이 죽었다. 선생께서 말씀하셨다. "아아, 하늘은 나를 망치셨다. 하늘은 나를 망치셨다."(가나야, 206쪽)

『논어』에서 공자가 발한 가장 격렬한 말의 하나이다. 이것은 하늘을 믿는 자의 말이라고는 해석하기 어렵다. 오히려 하늘을 믿지 않는 자의 말이리라. 안절부절 어찌할 바를 모르는 격렬한 심정을 하늘이라는, 존재하는지 존재하지 않는지 모를 모호한 존재를 향해 다 털어버렸다는 느낌이 드는 말이다.

다음은 공자 쉰일곱 살 때의 일이다. 위衛나라 영공靈公의 부인 남자南子는 미인으로 유명했다. 영공은 이 부인의 매력에 빠져 허우적댔고, 부인이 정치를 제멋대로 하는 형세였다. 한데 공자가 이 남자와 회견했다. 정의감 넘치고 직정적인 자로는 불만스러웠다. 공자는 필사적으로 변명했다.

> 훈 자, 남자를 보셨다. 자로가 기뻐하지 아니하였다. 부자께서 이에 맹세하여 가라사대, 내 해서는 안 될 바가 있다면, 하늘이 이를 끊으시리라, 하늘이 이를 끊으시리라.(「옹야」)
>
> 원 子見南子, 子路不說. 夫子矢之曰, 予所否者, 天厭之, 天厭之.
>
> 역 선생께서 남자를 만나셨다. 자로는 맘에 들지 않았다. 선생께서 맹세하며 "내게 옳지 않는 것이 있다면, 하늘이 버리실 것이다, 하늘이 버리실 것이다" 하셨다.(가나야, 122~123쪽)

'천염지天厭之, 천염지天厭之' 두 번 되풀이하는 데서 공자의 필사적인 태도와 함께 치사스러움이 배어난다. 이 하늘은 공자가 마음으로 믿고 있는 대상이라기보다는 제자에게서 도덕적으로 추궁당하여 궁지에 몰린 자기를 방어하고 상대를 설득하기 위해 동원했다는 인상이 강하다. 하늘을 써먹는 사내를 어찌 하늘을 마음에서부터 믿는다고 할 수 있겠는가.

다음은 제자 자공에게 넋두리할 때의 말이다. 여기에서도 하늘이라는 존재에 대한 절대적 귀의라기보다는 '하늘이란 어찌할 도리가 없는 존재구나' 하는 별다른 기대가 없는 듯한 말투를 엿볼 수 있다.

㉱ 자 가라사대, 나를 알 이 없구나. 자공이 가로되, 어찌하여 자를 알 이가 없겠습니까. 자 가라사대, 하늘을 원망하지 않고, 사람을 허물하지 아니하며, 하학하여 상달한다. 나를 아는 것은 아마도 하늘일까.(「헌문」)

㉭ 子曰, 莫我知也夫. 子貢曰, 何爲其莫知子也. 子曰, 不怨天, 不尤人, 下學而上達. 知我者其天乎.

㉡ 선생께서 말씀하셨다. "나를 알아주는 이가 없구나." 자공이 〔의아해하며〕 말했다. "어찌하여 또 선생님을 알아주는 이가 없겠습니까." 선생께서 말씀하셨다. "하늘을 원망하지도 않고 사람을 탓하지도 않으며, 〔오직 제 수양에 힘써,〕 신변의 가까운 것을 배워 고원高遠한 것에 통해간다. 나를 알아줄 것은, 아마 하늘이겠지." (가나야, 293쪽)

공자 학단이 광匡이라는 지역을 여행할 때, 습격을 당하였다가 구사일생으로 곤경에서 벗어난 적이 있다. 그때의 말은 이렇다.

㉱ 자, 광에서 두려워하셨다. 가라사대, 문왕이 이미 돌아가셨지만, 문은 여기에 있지 아니하냐. 하늘이 장차 이 문을 없애려 하셨다면, 후사자가 이 문에 참여함을 얻지 못했을 것이다. 하늘이

아직 이 문을 없애려 하시지 않는다면, 광인이 나를 어찌하겠는가.(「자한」)

㉿ 子畏於匡. 曰, 文王旣沒, 文不在玆乎. 天之將喪斯文也, 後死者不得與於斯文也. 天之未喪斯文也, 匡人其如予何.

㉪ 선생께서 광 땅에서 위험을 만났을 때 말씀하셨다. "문왕은 이제 돌아가셨지만, 그 문화는 여기에(이 내 몸에) 전해져 있다. 하늘이 이 문화를 없애려 하셨다면, 후대에 태어난 나는 이 문화에 종사할 수 없었을 것이다. 하늘이 이 문화를 없애려 하시지 않는다면, 광의 무리 따위가 나를 어찌하겠는가."(가나야, 167~168쪽)

이 대목 또한 도저히 하늘에 대한 절대적 신뢰를 표명한 말이라고 이해할 수 없다. 오히려 하늘을 반신반의하는 가운데, 어찌할 도리 없는 궁지에 몰려 아무런 선택지도 없는 상태를 호소하고 있다는 인상이다. 다음은 공자 일단이 송宋나라에서 환퇴에게 습격당했을 때의 말이다.

㉧ 자 가라사대, 하늘이 덕을 내게 내셨다. 환퇴가 나를 어찌하겠는가.(「술이」)

㉿ 子曰, 天生德於予, 桓魋其如予何.

㉪ 선생께서 [송나라에서 박해를 당할 때] 말씀하셨다. "하늘이 나에게 덕을 주셨다. 환퇴 따위가 나를 어찌하겠는가."(가나야, 140쪽)

이것도 마찬가지다. 극영화에서 궁지에 몰린 주인공이 아직 보여주지 않은 마지막 비밀수단이 있다고 허세를 부리는 광경처럼 보인다. 마지막 수단이 있는지 여부는 실제로 그조차도 잘 모를 것이다.

이처럼 공자가 하늘을 입에 올리는 것은 생각을 자기 내부에서 충분히 곱씹지 않고 무의식중에 말로 입 밖에 내버리는 경우가 많다.

그렇다면 다음과 같은 발언은 공자가 하늘을 말할 때의 말투로 보자면 오히려 기이하게 생각되는 종류라 하겠다.

㉾ 자 가라사대, 내 말이 없고자 한다. 자공이 가로되, 자 만약 말씀을 아니하시면 곧 소자는 무엇을 술하겠습니까. 자 가라사대, 하늘이 무슨 말을 하더냐. 네 때가 행하며, 백 가지 물건이 난다. 하늘이 무슨 말을 하더냐.(「양화」)

㉝ 子曰, 予欲無言. 子貢曰, 子如不言, 則小子何述焉. 子曰, 天何言哉. 四時行焉, 百物生焉, 天何言哉.

㉡ 선생께서 말씀하셨다. "나는 이제 아무것도 말하지 않으련다." 자공이 말했다. "선생님께서 만약 아무것도 말씀하시지 않으면, 저희 문인들은 무엇을 받아 전하겠습니까.〔부디 말씀해주십시오.〕" 선생께서 말씀하셨다. "하늘이 무슨 말을 하더냐. 네 계절은 돌고, 만물도 생장하고 있다. 하늘이 무슨 말을 하더냐.〔아무것도 말하지 않아도, 가르침은 있다. 언어만을 의지해서는 안 된다.〕"(가나야, 355~356쪽)

아마도 이것은 공자 사후에 도가적 세계관이 『논어』에 삽입된 사례라고 보는 것이 자연스러우리라.

선악은 관심 밖의 문제

공자는 선악이나 정사正邪에 크게 관심을 두지 않았다.

그런 의미에서 공자는 일반적으로 '도덕'이라 부르는 것과는 분명히 선을 긋고 있다.

공자에게 중요한 것은 즐기는 일이었다.

그렇다면 '즐긴다'는 것은 구체적으로 어떠한 것을 가리킬까.

그것은 자기를 구성하는 지각상知覺像을 즐거운 지각상으로 가득 채우는 것이다.('지각상'에 관해서는 제6장 참조)

공자가 가장 아꼈던 제자 안회(안연)도 다음과 같이 말하고 있다.

㉖ 안연과 계로가 모셨다. 자 가라사대, 어찌 각각 네 뜻을 말하지 아니하느냐. (중략) 안연이 가로되, 원컨대 선을 자랑함이 없으며, 수고로움을 베풂이 없고자 하나이다. (후략) 「공야장」)

㉑ 顔淵季路侍. 子曰, 盍各言爾志. … 顔淵曰, 願無伐善, 無施勞. …

㉪ 안연과 계로가 곁에 있을 때, 선생께서 말씀하셨다. "각각 너희 뜻을 말해보지 않겠느냐." (중략) 안연이 말했다. "좋은 일에 자만하지 않고, 괴로운 일을 남에게 미치지 않도록 하고 싶습니다. (후

략)"(가나야, 102쪽)

"무벌선無伐善(선을 자랑함이 없다)"이라는 대목은 통설에서 '선행을 하지만 그것에 자만하지 않는다'는 의미로 보지만, 그렇지 않고, '이것이 선이라고 독단적으로 단정하지 않는다'는 의미일 것이다. 안회의 이 발언에도 도가의 분위기가 있지만, 본래 공자의 세계관에는 그러한 경향이 있었다. 그러므로 안회를 가장 아꼈다고 할 만하다.

또한 공자가 정치나 예술에 관해서 '선善'이라는 말을 사용할 때, 그것들은 모두 도덕적인 선악의 선을 의미하지 않는다. '좋은 것'이 아니라 '알맞다, 괜찮다'는 의미이고, '의宜'에 가깝다.

공자는 선을 부정하지는 않았다.

다만 선을 고집하거나 자기는 선이라고 단정하는 것을 꺼렸다. 이것이 맹자와 전혀 다른 점이다.

애니미즘과 〈애니미즘〉

공자는 〈애니미즘〉 사상가였다고 내가 한 말을 부디 오해하지 말기 바란다.

제1장에서 말한 것을 다시 되풀이하자면, 내가 〈 〉를 붙여 〈애니미즘〉이라 한 것은 종래에 사람들이 흔히 애니미즘이라 말한 것과는 전혀 다르다.

종래의 애니미즘은 '삼라만상에 생명이나 아니마가 깃들어 있다'는 세계관으로 여겨졌다. 그러나 '그것은 틀렸다'고 나는 생각한다.

사람들이 애니미즘이라 부르는 세계관에도 **모든** 삼라만상이 생명이라고 생각하는 유형과는 다른 것이 있다. 예를 들어 일본의 애니미즘도 그러하고, 중국의 애니미즘도 마찬가지다.

그것은 어떠한 것일까.

구보 노리타다의 『도교의 신들』(고단샤 학술문고, 1996)에 다음과 같은 대목이 있다(106~107쪽).

수많은 일본의 신들을 총칭하는 표현으로 '야오요로즈(八百萬)의 신'이라는 말을 사용한다. 실제의 수는 얼마쯤인지, 나는 아직 세어본 적이 없어서 모르지만, 일본민속학회에서 전에 일본의 민간 신들이 얼마큼 있는지 조사한 일이 있고, 그 결과는 『종합 일본민속어휘』에 실려 있다. 그것에 따르면, 지역의 신이나 농업관련 신, 산신, 어신漁神 기타 25항목, 411종에 이른다고 하기와라 다쓰오는 말하고 있다. 바꾸어 말하면, 일본에 사람들의 생활과 결부된 신들이 411종이나 있다는 말이다.

중국의 신들이 전부 얼마쯤 되는지, 이 또한 세어본 적이 없어 알지 못하지만, '야오요로즈'는 아니더라도 분명 상당한 숫자에 이를 것이다. 다키자와 슌료는 1940년 당시, 화북華北이나 동북부東北部 사람들이 정월 원단元旦에 신을 예배할 때 사용하는, 이른바 '백분百分'이라 불리는 많은 신들의 신상神像을 그린 것에, 자신이 심양 · 길림 · 북경 근처 등에서 보고 들은 신들의 이름을 덧붙여 표

를 만들었다. (중략)

그것에 따르면, 불교 관련 부처들을 제외하고 모두 223종에 이른다. 다만 그 표에는 중복도 있는 반면, 같은 종류의 신 이름의 총괄적 명칭만 기록한 경우도 있는데다, 예를 들어 강남 지방 등의 지역 신들이나 태일구고천존太一救苦天尊 등 도교의 신들은 제외되어 있으므로, 실제로는 적어도 300종 이상이 될 것이라 생각한다.

그러니까 일본의 애니미즘이나 중국의 애니미즘에서 신의 종류는 수백이고, 또 신의 개체수를 세어본다 하더라도, 자연계나 사회에서 '신'이라 인식되는 것은 거기에 있는 **모든 것**은 아니다. '신'과 '신 아닌 것', 생명과 생명 아닌 것을 구별하고 있는 것이다.

이것은 '삼라만상이 모두 아니마이다'라는 유형의 애니미즘과는 명백히 다르다. 따라서 나는 이것을 별도로 〈애니미즘〉이라 표기하고 있는 것이다.

다만 〈 〉가 붙어 있는지 여부는 보통 그다지 의식하지 않거니와, 헷갈리기 쉽다. 그래서 나는 〈 〉 붙은 〈애니미즘〉을, 생경한 표현이긴 하지만, 〈소울리즘〉이라 부르고자 한다. 〈소울리즘〉은 〈soul+ism〉이다.

일반적으로 '일본은 애니미즘 전통이 짙다'고 말할 때의 애니미즘은 내가 〈 〉를 붙여 표현하는 〈애니미즘=소울리즘〉이 아니라, 본래의 애니미즘이다. 이것은 삼라만상이 신이고 생명이라고 하는 애니미즘을 가리킨다.

그러나 내가 말하는 〈애니미즘=소울리즘〉은 삼라만상이 신이라 하지도 않고, 생명이라 하지도 않는다. '신이나 생명'과 그 밖의 것을 구별하는 사고인 것이다.

그 차이는 모든 것에 공통되는 매질媒質(어떤 물리적 작용을 한곳에서 다른 곳으로 전해주는 매개물)을 인정하느냐(애니미즘), 인정하지 않느냐(《애니미즘=소울리즘》)는 점에서 나뉜다. 예를 들어 우메하라 다케시가 '일본적'이라 말하는 '초목국토실개성불草木國土悉皆成佛' 사상은 애니미즘적 세계관인데, 이것은 '모든 것은 불성佛性이나 여래장如來藏을 지니고 있다'는 천태본각天台本覺 사상에 근거하고 있다. 그리고 이 '불성이나 여래장'은 우주의 전존재에 스며들어 있는 매질이다. 또한 마쓰모토 시로가 지적하듯이, 이 '불성이나 여래장'은 존재를 부정한, 본래의 부처의 가르침과는 달리 모든 것의 존재를 인정하는 비불교적 세계관이다. 즉 애니미즘이라는 세계관은 모든 것에 공통되는 존재(=매질)가 필요한 세계관인 것이다.

3. 균형감각이 뛰어난 사람, 공자

다면체

공자는 다면체였다.

『논어』에 실려 있는 공자의 말을 읽어보면, 공자는 놀라울 만큼 다면적인 인물이다.

어느 때는 도가적이고, 어느 때는 묵가적이다. 훨씬 후대의 참위讖緯 사상(신비적 예언을 믿는다)이나 법가적 측면마저 있다. 아무래도 공자를 한낱 유가로 취급할 수 없다는 생각이 들 만큼 그 사상의 스펙트럼은 여러 방향으로 뻗쳐 있다.

이것을 어떻게 해석해야 할까.

가장 설득력 있는 견해는 『논어』라는 책이 편찬되는 과정에서, 공자 이후에 세력을 확장한 다양한 사상이 거기에 섞여들었다'는 것이다. 이것은 역사적 사실에 입각하고 있고, 타당한 견해일 것이다. 공자가 죽은 뒤 수백 년에 걸쳐 『논어』가 한창 편찬되고 있을 때, 전국시대의 다양한 사상의 단편이 공자라는 인물에 가탁假託되어 편입되었다. 거기에는 공자가 죽은 뒤 분열된 제자들의 다양한 학문경향도 반영되어 있다. 그러므로 『논어』에서 공자가 한 발언 중 상당 부분은 실제로 공자가 한 말은 아니라고 볼 수 있다. 이렇게 생각하면, 『논어』가 지닌 하이브리티(서로 다른 것들이 섞여 있는 성질)를 정합적으로 설명할 수 있다.

다만 관점을 바꿔서 보면, 다음과 같이 말하는 것도 가능하지 않을까.

'공자라는 인물 자체가 본래 사상적인 다면체였다'고 보는 것이다. 공자 이후의 시대에는 사상의 세분화 현상이 일어나고, 다른 사상과 차이나는 점을 서로 강조하면서 세력확장을 꾀하게 되었다. 그렇게 사상적으로 세분화되고 순서가 정리된 상태에서 거슬러올라가 공자를 보면, 마치 공자에게 유가 이외의 잡다하고 다양한 요소가 **섞여들어가** 있는 것처럼 보인다. 하지만 그것은 공자 이후의 시대에 사상이 원자

단위로 말끔히 세분화되어버린 뒤의 관점에서 본 모습이 아닐까.

오히려 공자라는 인물은, 전국시대에 다양한 사상이 세분화되기 전의, 포섭하는 힘이 훨씬 큰 사상의 **덩어리**였던 것은 아닐까.

이렇게 생각하면, 앞에서 서술한 것과 정반대되는 말을 할 수 있을지도 모른다. 즉 『논어』라는 책은 공자가 죽은 뒤 편찬되는 과정에서 공자와는 이질적인 여러 사상이 뒤섞여버렸기 때문에 하이브리티한 성질을 갖게 되었다'는 방향성**만**을 가지고 있는 게 아니다. 오히려 공자라는 인물 자체가 유가나 도가나 묵가 등으로 분리되기 전의 '원原중국사상'이라 할 만한 것을 체현體現한 사람이어서, 그렇듯 **이질적인** 여러 사상이 혼연일체渾然一體가 되어 있었던 것은 아닐까. 그리고 『논어』가 편찬되는 과정에서 제자들의 강한 의지도 있고 해서, 그러한 (후세의 견지에서 보면) **불순한** 요소를 삭제했던 것은 아닐까. 하지만 미처 다 삭제하지 못한 부분이 곳곳에 남아버렸고, 그것이 오늘날 전해지는 『논어』가 아닐까.

물론 공자 안에서 **모든** 사상이 혼연일체가 되어 있었던 것은 아니다. 당연히 학문의 경향이나 방향성은 있다('이단에 골몰하는 것은 해로울 뿐', 『논어』 「위정」). 예禮나 시詩를 중시한다든지 공동체의 질서를 중요하게 여긴다든지 하는 따위의 경향이다.

그러나 그런 경향이나 방향성은 훗날의 제자백가들의 첨예한 디시플린(학문의 전문성)이 보인 배타성에 비하면 매우 느슨한 것이었다. 왜냐하면 공자에게는 학문의 목표와 내용은 단 하나였기 때문이다. 그것은 증자의 말에 따르면 '충서忠恕'인데(『논어』 「이인」), 좀더 넓게 말하면 '인

仁이다.

　무슨 말인가 하면, 공자에게는 예든 시든 서書든 효孝든 모든 것이 '인'이라는 〈제3의 생명〉을 드러내고, 바로 그것을 빛내기 위해 필요한 것이어서, 그 중핵中核이 있다면 자잘한 내용의 차이는 과민하게 따지지 않았기 때문이다.

제3장

인이란 무엇인가

1. 〈생명〉으로서의 인

인은 〈사이의 생명〉

『논어』에서 가장 중요한 개념이 인仁이라는 것은 누구나 알고 있다.

그러나 '인이란 무엇인가'라는 물음에 답하기는 쉽지 않다. '맹자나 주자나 왕양명에게 인이란 무엇인가'라는 물음에는 비교적 쉽게 답할 수 있지만, '공자에게 인이란 무엇인가'라는 물음에는 답하기가 어렵다.

그것은 널리 알려진 대로, 공자가 인에 관해 명확한 정의를 내리지 않고, 『논어』 곳곳에서 단편적으로 한 말 가운데서 인을 언급할 뿐이기 때문이다.

하지만 실은 또 한 가지 이유가 있다. 그것은 후세 사람들이 공자라는 인물을 오해했고, 그래서 그의 핵심적 개념인 인에 관해서도 그 본질을 파악할 수 없었기 때문이다.

인을 이해하기 어려운 것은 인을 언급한 공자의 다양한 말에서 무언가 통일적인 의미를 찾아내려 했기 때문이다. 공자라는 '성인'이 자기 사상체계 속에서 가장 중요한 의미를 부여한 개념인 인을 언급했다면, 당연히 그 갖가지 언급에는 정합적이고 논리적인 의미가 관철되어 있으리라 생각했기 때문에, 인의 의미를 알 수 없게 되어버린 것이다.

우리는 발상을 뒤집어야 한다.

공자가 인에 대해 통일적인 정의나 의미를 부여하지 않았기 때문에 인을 알 수 없는 것이 아니다.

본래부터 인에는 통일적인 정의나 의미가 없는 것이다.

아니, 오히려 공자의 세계관에서는 인이라는 개념에 통일적인 정의나 의미를 부여해서는 안 되었던 것이다.

왜 그러한가.

인이란 〈애니미즘〉적 의미에서의 〈생명〉이기 때문이다.

그리고 〈애니미즘〉이란, 도대체 무엇이 〈생명〉이냐는 문제에 관해 우연성이라는 관점에서 접근하는 세계관이기 때문이다.

무엇이 〈생명〉인지는 보편적·연역적·통일적으로 정의할 수 없다.

〈애니미즘〉에서는 이 돌이나 저 나무가 〈생명〉인지 여부는 공동주관적인 감수성에 따라 결정되기 때문이다. 거기에서 어떠한 아니마, 아우라Aura를 느낄 수 있는가 하는 사태는 연역적으로 결정되는 것이 아니라 공동주관적으로 귀납적으로 결정되는 것이다.

인이란 우연적이고 우발적인 성격을 띤 것이다.

바로 그렇기에 제자들은 공자가 본래 인에 대해 이러저러하다고 언급하고 싶지 않았음에도, 인에 대해 물으려 했던 것이다.

만약 인에 대한 확고한 정의가 있었다면, 일단 그 정의를 말하면 그것으로 끝났으리라. 그러나 공자는 그렇게 하지 않았다. 본래 인이란 한 가지로 정의하기에는 어울리지 않는다는 것을 공자는 말하고 싶었기 때문이다. 하지만 제자들은 공자의 그러한 태도를 접하면서, 늘 '인이란 무엇인가'를 알고 싶어했다.

예를 들어 "극기복례克己復禮를 인이라 한다"(「안연」)고 공자가 말했을 때, 이것을 인의 일반적 정의로 받아들여서는 안 된다. 이것은 '극기복례할 때, 거기에 인이라는 〈생명〉이 반짝인다'는 의미이다. 인은 우연적 성질을 띤 것이지만, 완전히 우연적인 것은 아니다. 경험을 바탕으로 보면, 어떤 때에 인이 반짝이는지, 얼마간의 법칙성은 있는 것이다.

또한 공자는 인을 가리켜 '사람을 아낀다(愛人)'라고 말했다(『안연』). 그러나 이것도 정의는 아니다. '인이란 사람을 아끼는(소중히 여기는) 것'이라는 의미가 아니다. '사람을 아낄(소중히 여길) 때에 인이라는 〈생명〉이 반짝인다'는 사실을 말하는 것이다.

이것은 **얼마간의** 법칙성이다. 사람을 아낄 때 〈생명〉은 반짝이지만, 사람을 아끼면 반드시 〈생명〉이 반짝이는지는 알 수 없다. 공자는 거기까지는 말하고 있지 않다. 또한 '극기복례'는 안회에게, '애인'은 번지에게 한 말이다. 이처럼 특정한 사람에게, 특정한 상황에서만 드러나는 인의 모습을 공자는 감지하고 있었다. 그러므로 인에 관한 말이 다양해진 것이다.

인은 도덕이라기보다 차라리 〈생명〉이다.

좀더 정확하게 말하면, 사람과 사람 사이에 나타나는 〈생명〉이고, 그 〈사이의 생명〉을 드러내기 위한 의지력이다. 여기서 '의지력'이라는 말은, 요시카와 고지로가 인을 가리켜 '애정의 도덕을 실행하는 의지력'이라 한 데서 빌린 것이다(요시카와 고지로, 『논어 (상)』, 아사히 선서, 1996, 15쪽). 허버트 핑가레트가 말한 '마술(magic)'(제5장 참조)은 아니지만, 분명 인에는 의지력이라 부를 만한 것이 개재되어 있다.

'인자仁者'란 그러한 〈사이의 생명〉을 드러내기 위한 의지력이 있는, 실제로 드러내게 만드는 사람을 가리킨다.

인은 도덕이 아니다

인은 '사랑'이나 '도덕', 혹은 '사랑의 도덕'이나 '사랑과 도덕'으로 해석해도 무방한 경우가 있다. 그러나 그 경우에도 정확한 의미는 〈사이의 생명〉이고, 또 〈사이의 생명〉을 드러내는 의지력이다.

인을 단순히 도덕이라 해석하면, 의미가 통하지 않는 문장이 『논어』에는 많이 있다.

> ㉖ 자 가라사대, 참으로 인에 뜻을 두면, 나쁨이 없느니라.(「이인」)
>
> ㉒ 子曰, 苟志於仁矣, 無惡也.
>
> ㉭ 선생께서 말씀하셨다. "참으로 인을 지향하고 있다면, 나쁜 것은 사라지는 법이다."(가나야, 71쪽)

이 대목의 인을 도덕으로 해석하면, 공자는 '참으로 도덕에 뜻을 둔다면 악은 사라진다'는 매우 평범한 이야기를 한 셈이다. 다만 주자학적으로 말하면, 이것은 평범하지 않고 매우 철학적인 의미를 지닌다. 무슨 말인가 하면, 주자학은 동기주의動機主義를 취하므로, '지어인志於仁'(인에 뜻을 둔다) 그 순간이 매우 중요한 것이다.

주자의 신주新註를 보면 "지志는 마음이 가는 것이다. 그 마음이 참으로 인에 있다면, 반드시 악을 행하는 일이 없어질 터"라고 되어 있다. '동기주의'는 이러한 설명 뒤에 '그러므로 그 마음이 처음 움직이는 순간을 단속하여 올바르게 하는 것이 중요하다'는 생각이다. 따라서 마음이 움직이는 모든 순간을 깨끗하고 바르게 해야 하므로, 일상의 모든 순간이 도덕적 긴장의 연속이 된다. 이것이 주자학적 엄격주의嚴格主義(rigorism)의 모습이다.

그러나 공자는 주자학자가 아니다. 공자는 주자학적 동기주의자가 아니다.

인을 도덕이 아니라 〈사이의 생명〉으로 해석하면, '참으로 사람과 사람 〈사이의 생명〉을 빛내려는 의지력을 움직이게 하면, 그 결과가 사람과 사람 사이에서 나빠지는 경우는 없다'는 뜻이 된다. 이것이 공동체에 생명력을 주기 위한 공자의 기본적 생각인 것이다.

> ㉛ 자 가라사대, 사람으로서 인하지 아니하면, 예에 대하여 어찌하겠는가. 사람으로서 인하지 아니하면, 악에 대하여 어찌하겠는가.(「팔일」)
>
> ㉝ 子曰, 人而不仁, 如禮何. 人而不仁, 如樂何.
>
> ㉭ 선생께서 말씀하셨다. "사람으로서 인하지 않다면, 예가 있다 한들 무엇하겠는가. 사람으로서 인하지 않다면, 음악이 있다 한들 무엇하겠는가."(가나야, 52~53쪽)

여기서의 인 역시 사랑이나 도덕이라기보다 〈사이의 생명〉으로 해석하는 게 좋다. "사람으로서 사랑이나 도덕을 지닌 자가 아니라면, 예가 있다 한들 무엇하겠는가. 사람으로서 사랑이나 도덕을 지닌 자가 아니라면, 음악이 있다 한들 무엇하겠는가"라는 의미가 아니라, "사람으로서 〈사이의 생명〉을 성취하려는 의지력이 없다면, 예는 도대체 무엇이 되겠는가. 사람으로서 〈사이의 생명〉을 드러내려는 의지력이 없다면, 음악은 도대체 무엇이 되겠는가"라는 의미인 것이다. '예와 악'이라는 것은 그저 형식만 갖춰 거행한다 해도 의미는 없다. 왜냐하면 그것들은 공동체의 〈생명〉을 빛내기 위한 것이므로, 단순히 형식적인 사랑이나 도덕이 있는 것만으로는 안 되기 때문이다. 중요한 것은 사람과 사람 사이에서 어떠한 〈생명〉을 드러내는가 하는 마음자세다. 그것이 없으면, '예와 악'은 아우라를 뿜어내지 못하고, 한낱 형식에 그치게 된다.

그러나 이것도 주자의 신주를 보면 〈법령론〉적으로 해석되고 있다. 정자가 했던, '인이란 천하의 정리正理이므로, 이 정리를 잃으면 (예악이) 질서를 잃고, 화和할 일도 없다'는 말을 인용하는데, 이것은 '인이란 우주를 지배하고 있는 절대적인 천리이기 때문에, 이 우주적인 법칙성·원리성에서 벗어난 인간이 거행하는 예악에는 절대적인 질서·올바름·조화가 결여되어 있다'는 뜻이다. 우주의 동태動態 자체가 절대적으로 바른 것이므로, 인위적 작위作爲인 예악 또한 이 우주(자연)의 동태와 완전히 일치해야 한다. 그것이 가능할 때 예와 악 또한 완벽해지는 것이다.

이것은 완전히 〈법령론〉적인 해석이다. 공자는 본래 그러한 우주적 질서나 우주적 원리를 말한 것이 아니다. 주자학 같은 〈법령론〉적 해석에서는 우발적인 아름다움은 거의 전적으로 배제되어버린다. 모든 것은 미리부터 연역적으로 결정되어 있다.

하지만 공자는 그런 수직적인 연역성을 싫어했다. 사람과 사람 사이에서는 무엇이 일어날지 알 수 없다. 완전한 우발성은 공자도 싫어했지만, 그러나 일정한 형식 속에서 무엇이 아름다움으로서 드러나느냐는 것은 예측 불가능하다. 예와 악은 보편적인 우주의 영(spirit)이 거행하는 것이 아니라, 어디까지나 개개 인간의 혼(soul)이 거행하는 것이다.

미야자키 이치사다는 1938년에 발표한 젊은 시절의 논문에서 인에 대하여, "인이라는 말도 이전에는 그저 온정溫情이나 애정이라는 의미에 불과했지만, 공자에 의해 도덕의 최고표준이 되었다", "인의 구체적인 내용을 확언하기란 어려운 일이지만, 요컨대 진정한 사람의 길이며 인간이 마땅히 있어야 할 자리, 완전무결한 인격을 가리켜 한 말일 것이다"(『논어의 새로운 독법』, 이와나미 현대문고, 2000, 151쪽)라고 말했는데, 이것은 전형적인 주자학적 해석이라 할 만한 것으로, 공자가 말한 인은 그러한 것이 아니다. 인은 '완전무결'한 것이 아니고, '인격'을 말하는 것도 아니다.

미야자키는 나이를 먹은 뒤 다시금 『논어』를 깊이 연구하여 『논어』에 관한 글을 꽤 많이 썼는데, 거기에서는 인을 그저 '사람의 길, 인도주의人道主義, 휴머니즘을 가리킨다'고 말하는 데서 그쳤다(앞의 책, 103쪽). 공자나 『논어』에 관해 말한다면 가장 중요한 인이라는 개념에 대해 마땅히 깊이 사색해야 할 터인데, 그것을 너무 간단히 지나치고 세부적인 훈고학적 지식에 몰두하는 일본의 학풍은 성급함을 피하고 함부로 학문적 판단을 내리지 않는다는 점에서는 매우 고상한 면이 있지만, 반면에 또 어쩔 수 없이 어딘지 아쉬운 느낌이 드는 것도 사실이다.

인은 힘이다

앞에서 서술한 대로, 요시카와 고지로는 인을 '애정의 도덕을 실행하는 의지력'이라 했다.

허버트 핑가레트는 인을 '(충분히 인간적인) 인간이 인간에게 영향을 끼치는 힘'이라 말했다. 핑가레트는 말한다. "나는 이것에 가장 잘 대응되는 서양의 이미지는 물리학에 있다는 생각이 든다. 벡터이다. 〈인〉의 경우, 공적公的 시공時空에서 행위에 작용하는 방향성을 가진 힘 같은 것이라 상상할 수 있다. 이 힘의 시작점에 사람이 있고, 힘이 도달하는 종착점에도 사람이 있다. 물론 이 힘은 인간적인 것이고, 기계적인 힘을 가리켜 하는 말은 아니다"(『공자, 거룩한 세속인』, 헤이본샤 라이브러리, 1994, 116쪽〔송영배 옮김, 『공자의 철학』, 서광사, 1993〕).

그렇다, 〈사이의 생명〉은 힘이다.

다음 절에서 서술하겠지만, 이 '힘'은 개個의 확립을 전제로 한다. '개'가 확립되어 있지 않으면, 이 힘은 발휘될 수 없는 것이다.

하지만 이 힘은 '맹자의 인'에 대해 정자가 말한 '나를 미루어 헤아려 남에게 미치는(推己及人)' 그런 것이 아니다. '나를 미루어 헤아려 남에게 미친다'는 것은 힘(내 내면에서 배려하는 마음)이 나와서 그 힘이 다른 사람에게 도달하는 메커니즘을 말한 것이지만, 공자의 인은 그런 것이 아니다. 충분히 확립된 '개와 개 〈사이〉'에 나타나는 힘을 인이라 부른 것이다.

인은 개인의 확립을 전제한다

인은 〈사이의 생명〉이다.

무엇과 무엇의 〈사이〉일까.

그것은 '인仁'이라는 한자의 성립경위(인人+이二)에서 알 수 있듯, '사람과 사람 사이'이다.

그렇다면 공자는 사람과 사람 사이에 〈생명〉이 있다는 사상을 가지고 있음을 알 수 있다. 사람과 사람은 완전히 딱 붙어 있는 것이 아니라, 그 사이에 '거리'가 있음을 공자는 알아차리고 있었다.

이 '알아차림'에는 커다란 의미가 있다.

왜냐하면 바로 이 '알아차림'이 '개인'이라는 관념을 뒷받침하기 때문이다.

중국의 철학·미학 연구자 이택후李澤厚는 다음과 같이 말한다.

'인'은 내재적인 면에 있어서 그 외재적인 휴머니즘과 균형 있게 대응하며, 또 그것과 긴밀하게 서로 통하며, 서로 제약하는 형태로, '개個'로서의 인격이 지닌 주체성과 자립성이 뚜렷하게 드러나 있다.(『중국의 문화심리구조』, 헤이본샤, 1989, 44쪽)

이것은 무슨 말일까. 나 나름의 언어로 말한다면, '개'로서 자기를 확립하는 것이 전제되고, 그 '개'와 외재外在하는 존재나 가치 〈사이〉에서 인이 성립됨을 가리킨다. 거꾸로 말하면, '개'가 없으면 인은 성립되지 않는다. 모든 인간이 공동체 안에 완전히 매몰된 상태에서는 인이 모습을 드러낼 수 없다. 사랑이나 도덕 같은 것은 있을지 모르지만, 그것들은 한낱 형식에 불과하다. 예禮 역시 '개'가 자립하지 못한 곳에서는 한낱 형식에 불과하다. 개가 서고 나서야 비로소 예가 생명력을 발휘하고 공동체가 활성화되며, 인이 '개와 개 사이'에서 모습을 드러낼 수 있는 것이다.

공자는 말한다.

　⑧ 자 가라사대, 군자는 이것을 자기에게 구한다. 소인은 이것을 남에게서 구한다.(「위령공」)
　⑧ 子曰, 君子求諸己, 小人求諸人.
　⑧ 선생께서 말씀하셨다. "군자는 자기에게서 〔반성하여〕 찾지만, 소인은 남에게서 찾는다."(가나야, 314쪽)

공자는 군자를 이상으로 삼고 있으므로(다음 장 참조), '이것을 자기에게서 구하는 인간을 높이 평가한다. 즉 자기가 개인으로 확립되어 있는 인간을 가리킨다.

다만 이것은 근대적 인간이라는 의미는 물론 아니다. 공자가 보기에 인간이 자기를 확립한 경우는 오히려 그의 동시대 사람이 아니라 옛 시대의 사람이었다.

　⑧ 자 가라사대, 옛 학자는 자기를 위해서 하고, 지금 학자는 남을

위해서 한다.(「헌문」)

㉲ 子曰, 古之學者爲己, 今之學者爲人.

㉭ 선생께서 말씀하셨다. "옛날의 배운 사람은 자기〔수양을〕위해서 했다. 요사이의 배우는 사람은 남에게 알려지기 위해서 한다."(가나야, 287쪽)

옛날의 배우는 사람은 자기를 위해 학문을 했던 것이다. 이것은 '제이익을 위해서'라는 의미는 물론 아니고, '자기의 수양을 위해서'라는 의미이다. 구체적으로 말하면 '인을 빛내려는 노력을 자기를 위해서 했다'는 것이다. 그런데 지금(공자의 동시대) 사람은 남을 위해서 배운다. 이타적이라는 의미가 아니라, '자기를 타인에게 비싸게 팔기 위해서'라는 의미이다. 즉 글로벌한 가치관에 맞추려는 소인의 학문을 가리켜 한 말이다.

이택후의 말을 좀더 들어보자.

공자 시대에는 예악이 붕괴되었으나, 주나라 천자도 어찌할 방도가 없어, 본래의 외재적外在的 권위는 힘과 역할을 이미 잃고 있었다. 그러한 때에 공자는 심리적 규준規準인 '인'을 가지고 '예'를 해석했다. 그것은 실제로는 '주나라의 예'를 회복하는 사명과 요구를 개개의 씨족귀족('군자')에게 직접 들이민 것이다. 그런 뒤에, 그러한 '역사의 중책'을 개개가 자각적·주체적으로 그리고 적극적으로 걸머지고, 그것을 '개'로서 존재하는 데 있어서 가장 높은 목표

이자 의무로 여기도록 요청한 것이다.(이택후, 앞의 책, 45쪽)

'인'은 매우 고매한 것이면서 우리에게 아주 가까워 행하기 쉬운 것
이기도 하며, 역사적 책임감인 동시에 주체적 능동성이기도 하며,
이상적인 인격이면서 '개'로서의 행위이기도 하다. 모든 외재적 휴
머니즘과 내재적이고 심리적인 규준 및 혈연관계의 기초는 모두
이 '개'로서의 인격이라는 소상塑像 위에 구체화되어가야 하는 것
이다.(이택후, 앞의 책, 45쪽)

여기서 말하고 있는 것은 내 생각과 다소 비슷하지만, 인을 내면화하
거나 인격화해버리는 것은 잘못이다. 내 생각에 공자의 단계에서 인은
아직 내면화를 완성하지 않았다. 인이 완전히 내면화된 것은 공자 뒤,
맹자에 이르고 나서이다.

또한 예를 '외재적 휴머니즘'이라는 형태로 외재적인 것으로 파악하
는 것도 어떨까 싶다. 인이든 예든, '완전히 내면 혹은 완전히 외재' 하
는 식으로 말끔하게 배타적으로 분류할 수 있는 것은 아니다. 공자에
게 인과 예는 '개와 개 〈사이〉'에 존재하는 것이었다. 예가 완전히 외재
화하는 것은 역시 공자 뒤의 『예기』나 순자에 이르고 나서이다.

공자가 충서忠恕를 가장 중시한 것도 물론 인을 드러내는 조건인 '개'
를 정립하기 위해서였다.

⑨ 자공이 물어 가로되, 한 마디를 가지고 종신토록 이것을 행할

만한 것이 있습니까. 자 가라사대, 아마도 서일까. 내 하고 싶지 아
니한 바를 남에게 베풀지 말지니라.(「위령공」)

원 子貢問曰, 有一言而可以終身行之者乎. 子曰, 其恕乎. 己所不
欲, 勿施於人.

역 자공이 여쭈었다. "한 마디만으로 평생 행할 만한 것이 있겠습
니까." 선생께서 말씀하셨다. "글쎄다, 서恕(섬세하게 배려하는 마
음)가 아닐까. 제가 바라지 않는 것은 남에게 시키지 말아야지."
(가나야, 315쪽)

제가 바라지 않는 것을 남에게 베풀지 않을(恕) 때, 그 자기(個)와 남
(個) 사이에 〈생명〉이 나타나는 것이다.

인은 내면성이 아니다

개인이라는 것이 성립되지 않으면, 인도 성립되지 않는다.

왜냐하면 인이라는 〈사이의 생명〉은 차이를 근본으로 삼기 때문이
다. 차이가 있고 나서야 비로소 그 〈사이〉에 〈생명〉이 나타나는 것이다.

그러나 이 개인은 그 자율적인 내면성에 중점을 둔 개념이 아니다.
인을 내발적內發的인 것이라 생각해서는 안 된다.

왜냐하면 마음은 내면에 있는 것이 아니기 때문이다.

중국사상사에서 마음을 내재화한 것은 공자가 아니라 맹자이다.

맹자에 따르면, 모든 인간에게는 인의예지仁義禮智라는 덕이 내재되

어 있다. 무엇을 근거로 알 수 있느냐면, 사람에게는 모두 측은지심惻隱
之心(인에 대응된다), 수오지심羞惡之心(의에 대응된다), 사양지심辭讓之心
(예에 대응된다), 시비지심是非之心(지에 대응된다)이 있기 때문이다. 이
네 가지 마음을 '사단四端'이라 하는데, 맹자의 말은 이렇다.

㉑ 사람에게 모두 남에게 차마 하지 못하는 마음이 있다고 이르는
까닭은, 이제 사람이 갑자기 어린아이가 장차 우물에 들어가려는
것을 보면, 모두 출척측은지심怵惕惻隱之心이 있으니, 사귀기를 어
린아이의 부모와 맺으려 한 까닭이 아니며, 기림을 향당붕우鄕黨朋
友에게 요구하는 까닭도 아니며, 그 평판을 싫어하여 그러함이 아
니다. 이로 말미암아 보건대, 측은지심이 없으면 사람이 아니다.
수오지심이 없으면 사람이 아니다. 사양지심이 없으면 사람이 아
니다. 시비지심이 없으면 사람이 아니다. 측은지심은 인의 처음이
다. 수오지심은 의의 처음이다. 사양지심은 예의 처음이다. 시비지
심은 지의 처음이다. 사람에게 이 사단이 있는 것은 마치 그 사체四
體가 있는 것과 같다.(『맹자』「공손추 상」)

㉺ 所以謂人皆有不忍人之心者, 今人乍見孺子將入於井, 皆有怵
惕惻隱之心, 非所以內交於孺子之父母也, 非所以要譽於鄕黨朋友
也, 非惡其聲而然也. 由是觀之, 無惻隱之心, 非人也, 無羞惡之心,
非人也, 無辭讓之心, 非人也, 無是非之心, 非仁也. 惻隱之心, 仁
之端也, 羞惡之心, 義之端也, 辭讓之心, 禮之端也, 是非之心, 智
之端也. 人之有是四端也, 猶其有四體也.

ⓔ 그러면, 누구에게나 이 불쌍히 여기는 마음이 있다는 것을 어떻게 알 수 있느냐, 그 이유는 이러하다. 예를 들어, 아장아장 걷는 어린아이가 당장이라도 우물에 빠지려는 것을 본다면, 누구라도 부지불식간에 깜짝 놀라 달려가 도우려 한다. 이것은 '가엾다, 도와주자'는 〔일념에서〕 순식간에 하는 행동으로, 물론 이것(도와준 일)을 빌미로 그 아이의 부모와 친해지려 한다든지, 마을사람과 친구들에게 칭찬을 받기 위해서가 아니고, 또 어려운 처지를 못본 체했다고 비난당할까 두려워서도 아니다. 그러니 불쌍히 여기는 마음이 없는 자는 인간이 아니다. 악을 부끄러워하고 미워하는 마음이 없는 자는 인간이 아니다. 서로 양보하는 마음이 없는 자는 인간이 아니다. 옳고 그름을 분간하는 마음이 없는 자는 인간이 아니다. 불쌍히 여기는 마음은 인의 싹(萌芽)이고, 악을 부끄러워하고 미워하는 마음은 의의 싹이며, 서로 양보하는 마음은 예의 싹이고, 옳고 그름을 분간하는 마음은 지의 싹이다. 인간에게 이 네 가지(인의예지)의 싹이 있는 것은 마치 네 개의 손발처럼 태어나면서 갖추어져 있는 것이다.(고바야시 가쓴도, 상, 139~141쪽)

이렇게 선한 도덕성이 인간의 내면에 갖추어져 있다는 생각은 공자에게는 없다. '마음의 내재화'라는 이 테제는 후세 유가에게 매우 중요한 사고이다.

송대 주자학으로 내려오면, 이 사단을 '인의예지라는 덕의 싹'으로 파악하지 않고 '인의예지라는 덕이 마음의 바깥쪽으로 비어져나온 것'으로 파악하게 된다. 즉 인의예지는 마음에 내재해 있기 때문에 바깥쪽에서는 보이지 않는다. 바깥쪽에서 보이지는 않지만, 모든 인간에게는 인의예지가 내재되어 있다. 그렇다면 어떻게 그것을 알 수 있는가. 인의예지 각각에 대응하여 측은·수오·사양·시비라는 '실마리'가 있고, 이 실마리는 마음의 바깥쪽까지 비어져나오기 때문에, 그것으로 보건대 내면에 인의예지가 있다는 사실을 알 수 있다는 말이다.

또한 명대 양명학으로 내려오면, 마음의 중심은 바깥에 있다고 생각하게 된다. 마음의 내면과 몸의 바깥은 공진共振하고 공명共鳴하고 동기同期하고 있다(해야 한다)고 여기는 것이다. 이 생각을 끝까지 밀어붙이면, '마음의 중심은 우주의 중심'이 된다. 우주의 중심과 자기 마음의 중심이 하나가 되는 것을 지향하게 된다. 이것이 '만물일체萬物一體'라는 사고이다. 〈범령론〉적 세계관의 궁극적 모습이다.

하지만 그러한 **우주적** 사고는 공자와는 관계가 없다. 왜냐하면 공자에게는 〈범령론〉적 요소가 없기 때문이다. 어디까지나 인은 사람과 사람 〈사이〉에 나타나는 것이다.

공자에게는 내발성內發性이라는 개념도 없다.

공자가 중요하게 여긴 '충忠'은 '중中+심心'이라 쓴다. 그러므로 이것은 마음의 내발성 개념이 아니냐고 생각해서는 안 된다.

자기와 상대 〈사이〉에서 마음이 드러난다는 의미인 것이다.

'참마음(眞心)'이라는 말이 만약 '순수하게 자기 내면에서 출발한 마음'이라는 의미라면, '충'은 그러한 의미의 '참마음'이 아니다.

'사이의 마음'이라는 의미이다.

다만 인이 내발주의內發主義가 아니라고 말한다고 해서 개인의 내면을 부정하는 것은 아니다. 공자가 서 있는 자리에서는 개인이 석출析出됨과 동시에 그 내면도 존재한다. 그러나 그 내면의 역할은 다음과 같은 것이다.

> ⑧ 자 가라사대, 그만두자꾸나. 내 일찍이 능히 그 잘못을 보고 안으로 스스로 나무라는 이를 보지 못하였다.(「공야장」)
>
> ⑧ 子曰, 已矣乎, 吾未見能見其過, 而內自訟者也.
>
> ⑧ 선생께서 말씀하셨다. "다 끝났구나. 제 과실을 인정하고 스스로 제 마음에 책망할 수 있는 사람을 나는 본 적이 없다."(가나야, 103쪽)

그러니까 내면이란 '자송自訟'할 때 돌아보는 자리이지, 감정이나 이성을 발하는 자리가 아니다. 감정이나 이성은 지각상知覺像이라는 형태로 〈사이〉에 나타나는 것이다.

인은 서열 및 계급과 일체이다

인이 개인의 확립과 함께 추출된 관념이라고는 해도, 물론 그 '개인'은 서양 근대에서 말하는 원자화된 것이 아니라, 공동체 안에 반쯤 매몰된 개인을 가리킨다.

무엇보다 공자의 세계관에서는 각각의 사람은 공동체 안에서의 서

열, 사회에서의 계급이라는 개념과 밀접하게 결부되어 있다.

이택후는 말한다.

『중용』에 대해서는 예부터 오늘에 이르기까지 많은 해설이 있지만, 나는 이렇게 생각한다. 새로 발굴된 전국시대 중산왕묘中山王墓에 있었던 청동기 명문銘文에는 '세금을 적당히 징수하면, 인민은 귀순한다'는 구절이 있다. 이것이 공자가 말한 '중용中庸'의 내실內實이며, 원시적 민주제와 휴머니즘을 남긴 온정 넘치는 씨족체제 아래에서 계급지배를 행하고 싶다는 것이 공자의 본심이었다.(이택후, 앞의 책, 41~42쪽)

인에 대해서도 같은 말을 할 수 있다. '세금을 적당히 징수하면, 인민은 귀순한다'는 것은 '세금을 적당히 징수'할 때 그 나라의 〈생명〉이 빛난다는 말이다.

그러므로 인이나 중용은 어디까지나 통치의 논리임이 분명하다.

그것이 후세에 내려오면 기호記號의 성격을 띠게 된다.

『예기』에 적힌 방대한 규칙은 사람들에게서 〈제3의 생명〉을 앗아갔다. 인간이 기호가 되고, 사회와 공동체와 국가가 기호 자체가 된다. 〈제3의 생명〉 자체가 생명력을 잃고 기호가 된다.

거기에서 〈제1의 생명〉 즉 생물학적 생명이 생을 둘러싼 폭발을 일으킨다.

기호화된 권력, 〈생명〉의 허구화에 대항하여, 살아 있는 생, 육체적인 생을 '살게 하라'는 외침이 터져나온다.

그러나 〈제1의 생명〉의 절규는 정치화될 수 없다. 모든 차이를 넘어 공동체 전원이 공유할 만한 것이 없기 때문이다.

그때 〈제2의 생명〉이 출현한다. '우리의 생은 개별적인 것이 아니다. 하나이고 보편적인 것이다'라는 주장이다. 이 주장이 강해지면, 정권이 전복된다.

중국역사는 이와 같은 사이클의 반복이다. 김관도金觀濤는 중국에는 '초안정超安定 시스템'이 있다고 말한 적이 있는데(『중국사회의 초안정 시스템: '대일통大一統의 구조』, 겐분 선서, 1987〔하세봉 옮김, 『중국사의 시스템이론적 분석』, 신서원, 1995〕), 그 이면에서는 이러한 생명론의 각축전이 벌어지고 있었던 것이다.

인은 정의할 수 없다

『논어』에는 공자의 제자들이 '인이란 무엇인가'라고 공자에게 집요하게 묻는 장면이 기록되어 있다. 또한 공자가 제자들에게 인에 대해 열심히 말하는 장면이 있다.

그러나 제자들이 공자의 말에 만족한 것 같지는 않다. 공자의 말을 가장 권권복응拳拳服膺하고 소중하게 반추하며 지속적으로 지킨 것은 아마도 안회였을 것이다. 그 밖의 제자들은 선생에게 훌륭한 말을 들었다고 생각하면서도 어딘지 후련하지 않은 느낌을 줄곧 품고 있었다.

그것은 공자가 인을 정의하지 않았기 때문이다. 제자들은 좀더 손쉽게 '인이란 ××이다'라는 명제 형태로 인을 이해하고 싶었다. 그러나 공자는 그런 식으로는 말하지 않았고, 정의 비슷한 말을 하더라도 다음에는 또 이전과 다른 말을 하거나 했다. 이래서는 학생들 입장에서는 혼란스럽고 무엇을 근거삼아 사고하면 좋을지 알 수 없게 된다.

공자는 '인은 정의할 수 없다'고 말하고 싶었던 것이다.

앞에서 서술한 것처럼, '인은 우연히 나타나는 〈생명〉'이기 때문이다.

다만 인은 단순한 우발성이나 다양성은 아니었다.

공자는 인생의 모든 시간에서 '인을 드러내려고' 실천했다. 그의 자잘한 일상 하나하나가 인의 실천이었다.

㊅ 자 가라사대, 사야, 너는 나를 많이 배워서 그것을 아는 자라고 여기느냐. 대답하여 가로되, 그렇습니다, 아닙니까. 가라사대, 아니다. 나는 하나로써 이것을 꿰뚫는다.(「위령공」)

㊀ 子曰, 賜也, 女以予爲多學而識之者與. 對曰, 然, 非與. 曰, 非也. 予一以貫之.

㊛ 선생께서 말씀하셨다. "사야, 너는 나를 많이 배워서 [그 각각을] 기억하고 있는 인간이라 생각하느냐." [자공은] "그렇습니다, 아닙니까" 하고 대답했다. "아니다. 나는 하나로 관철하고 있다." (가나야, 304~305쪽)

사賜는 자공의 이름이다.

'하나'란 증자의 말로 바꾸면 충서忠恕인데(「이인」), 이것은 인을 가리킨다. 인을 실현하기 위한 방법론이 충서이다. 충서 자체를 금과옥조로 삼는다는 의미가 아니다.

공자는 이렇게 '일상의 행주좌와行住坐臥'에서 인을 실천'하고 있었고, 그 자체가 '하나(一)'였다. 일상의 모든 것이 인의 실천이므로, 그것을 모두 일괄하여 정의할 수 없는 것이다. 굳이 말하자면 '하나(一)'이고, 굳이 그 내용을 말하자면 증자에게는 충서였다.

인에 대하여 말하지 않는다

『논어』는 철저하게 다시 읽어야 한다. 특히 중요한 것은 역시 인에 관해 다시 읽는 것이리라.

예를 들어 다음의 중요한 대목도 이제까지는 의미가 분명치 않다고 할 만한 해석만 횡행해왔다.

> 훈 자, 드물게 리를 말했다, 명과 인과.(「자한」)
> 원 子罕言利與命與仁.
> 역 선생께서는 이익과 운명과 인에 대해서는 거의 말씀하시지 않았다.(가나야, 165쪽)

누가 읽어도 이상한 문장이다. 확실히 『논어』는 '리'나 '명'에 대해 많이 언급하지 않았다. 그러므로 수긍할 수 있지만, '인'은 『논어』에 105번이나 나온다(다만 모두 공자의 말은 아니다).

예부터 이 구절에 관해서는 많은 해석이 있어왔다.

오규 소라이 같은 경우는 이것을 '자, 드물게 리를 말했다. 명과 더불어 하고 인과 더불어 했다'고 읽어, '공자는 리에 대해서는 좀처럼 말씀하시지 않았는데, 드물게 말할 때에는 반드시 명이나 인이라는 개념에 곁들여 말씀하셨다'는 의미라 보았다.* 매우 재기가 넘치는 독법이고 일리가 있지만, 그렇게까지 애를 써서 읽지 않아도 될 것이다.

나는 다음과 같이 해석하는 게 자연스럽다고 생각한다.

공자는 정말로 리와 명과 인에 대해서 좀처럼 말하지 않았던 것이다. 그렇다면 왜 『논어』에 인에 관한 언급이 많은가. 공자가 아주 드물게 인에 관해 한 말은 모두 매우 귀중했기 때문에, 남김없이 빠짐없이 기록하고 보존했던 것이리라. 그러므로 세어보면 인에 대한 언급이 많지만, 그럼에도 공자의 긴 일생을 고려하면, 그렇게 많이 말한 것은 아니었으리라.

왜 공자가 스스로 가장 중요하다고 여기던 인에 대해 아주 드물게 말했느냐면, 인은 정의할 수 없기 때문이다. 개개인이 '어떠한 상태가 인인가, 어떠한 상태는 인이 아닌가' 하는 것을 느끼고 체득해야만 했기 때문이다. 마치 스포츠 코치가 하나의 기술을 선수가 습득하는 데 이러쿵저러쿵 간섭하지 않고 선수가 거듭 연습하는 가운데 저절로 체득하기를 기다리는 것과 같다.

---

* 오규 소라이(1666~1728)의 논어연구서 한국어판: 이기동 · 임옥균 · 임태홍 · 함현찬 옮김, 『논어징論語徵』1~3, 소명출판, 2010.

그러므로 '선생께서는 인에 대하여 그다지 말씀하시지 않았다'는 말은 제자 입장에서의 심리도 반영된 말일 것이다. 제자는 늘 선생에게서 적절한 조언이나 적확한 지도를 받고 싶어하는 법이다. 그것을 위해 이로정연理路整然한 설명을 찾으려 한다. 그러나 공자는 결코 제자들이 바라는 대로 이로정연하게 말하지 않았다. 그래서 제자 입장에서는 불만이 쌓였다. '왜 선생님은 가장 중요한 인에 대하여 좀더 깔끔하게 설명해주시지 않을까.' 그래서 '선생께서는 인에 대하여 (리나 명 따위와 비슷한 정도로) 조금밖에 말씀해주시지 않았다'고 말했던 것이다.

교언영색

㉙ 자 가라사대, 교언영색, 적으니라 인이.(「학이」,「양화」)

㉒ 子曰, 巧言令色, 鮮矣仁.

㉎ 선생께서 말씀하셨다. "말 잘하고 낯빛을 잘 꾸미는 자에게는 인덕이 거의 없는 법이지."(가나야, 21쪽)

㉎ 노선생의 가르침. 〔남에게 붙임성 있게〕 말을 솜씨 좋게 꾸미거나, 겉모습을 착한 사람처럼 꾸미는 것은〔본심은 저 자신을 위한 것이고〕, '인仁' 즉 남을 사랑하는 마음은 적다.(가지 노부유키, 『논어』 증보판, 고단샤 학술문고, 2009, 19쪽)

㉎ 자 가라사대, 알랑대는 목소리로 웃으면서 입에 발린 말을 하는 인간에게서 최고도덕인 인을 찾을 수는 없다.(미야자키 이치사다, 『현대어역 논어』, 이와나미 현대문고, 2000, 6쪽)

어느 해석이나 나름대로 흥미롭지만, 공자의 '시대성'을 무시하고 있다.

또한 어느 해석이나 『논어』라는 책의 편집 콘셉트를 무시하고 있다.

『논어』의 편자들은 우선 공자가 박해당하고 유랑하며 역경을 견뎌내면서 얼마나 강력한 언어를 남겼는지에 관심이 있었을 터이다. 그렇게 생각하면 '교언영색'을 '말 잘하고 낯빛을 잘 꾸민다'든지 '알랑대는 목소리로 웃으면서 입에 발린 말을 하는' 따위로 해석해서는 너무 약하다. 물론 『논어』는 그렇게 일상적이고 비근한 해석이 가능하므로('아아, 우리 회사에도 있다 있어, 그런 인간') 현대인도 흔히 읽고 공감하는 것이겠지만, 그렇다고 해도 공자가 한 말이 본래 그렇듯 미온적인 뜻이었는가 하면 전혀 그렇지 않다.

또한 『논어』의 편자들은 전국시대 말기가 되면, 공자라는 사상가를 글로벌한 세계제국이 성립되어가는 가운데 그것을 추진하는 사상가로 써먹으려 했다. 즉 〈애니미즘〉의 공자에서 샤머니즘의 공자로' 전회했던 것이다.

역전이 일어난 것이다. 공자는 본래 씨족공동체나 향당공동체에서의 인간감정을 바탕으로 인이라는 〈생명〉을 생각하고, 그것과 반대쪽에 있는 글로벌한 세력을 '교언영색'이라 규정했을 터이다. 즉 '교언영색'은 '알랑대는 목소리로 웃으면서 입에 발린 말을 하는' 사내가 아니라, 커뮤니케이션 능력이 뛰어난 권력지향적 헤게모니주의자를 가리켜 한 말이다. 오랜 공동체를 파괴하기 위해 정보를 모으고 다듬어서 질 높은 프레젠테이션을 멋지게 선보이는 인재의 특성이 '교언영색'이었던 것이다. 그러나 전국시대 말기가 되면, 오히려 '교언영색'은 슬며시 웃음 짓는 유약한 사내로 떨어지고 만다. 공자야말로 글로벌한 보편적 가치를 창출한 위대한 사상가가 되어버렸기 때문이다.

인자仁者와 군자

인이라는 것은 인간에게서 느끼는 〈생명〉의 아우라이다.

사람이 둘 이상 있으면, 거기에서 〈생명〉의 아우라를 느낄 수 있다. 그 아우라를 드러낼 수 있고, 그것을 적확하게 느낄 수 있는 사람을 인자라고 한다.

그러므로 아래와 같이 말씀하신 것이다.

> ㉘ 자 가라사대, 오직 인자만이 능히 사람을 좋아하고, 능히 사람을 미워한다.(「이인」)
>
> ㉑ 子曰, 唯仁者能好人, 能惡人.
>
> ㉭ 선생께서 말씀하셨다. "오직 인한 사람만이, 〔사심이 없으므로 진정으로〕 사람을 사랑할 수 있고, 사람을 미워할 수도 있다."(가나야, 70~71쪽)

왜냐하면 사람 각각이 드러내는 아우라는 동일하지 않고, 각각 개성이 있기 때문이다. 그 아우라를 공동체 안에서 최고도로 감지할 수 있는 사람(仁者)이라면, 개개인의 개성을 정확하게 평가할 수 있다. 인자는 차이에 민감하다.

　이것은 샤머니즘적 인간파악과는 다르다. 샤머니즘에서는 모든 가치는 하늘에서 내려오기 때문에 누가 선하고 악한가 하는 것은 수직적이고 권위적으로 결정되어버린다.

　그런데 '인공동체仁共同體'에서는 모든 구성원의 개성은 공동주관적으로 파악되고 평가된다. 미리부터 특별한 권위와 권력을 가진 사람은 없다(구성원의 서열은 있다). 공동주관적으로 가장 많은 지각상이 모이면, 그 지각상에 입각한 평가가 이루어진다. 그러므로 이 평가는 가변적이다. 선과 악은 미리부터 결정되어 있지 않다.

　그러므로 『논어』에서는 "(군자는) 잘못하면 고치기를 꺼리지 말지니라"(「학이」, 「자한」)는 가르침이 많은 것이다. 군자는 무능하기 때문에 잘못을 범하는 것이 아니다. 선악은 미리부터 결정되어 있지 않고 공동주관적으로 잠정적으로 결정되기 때문에, 군자라 하더라도 그 공동주관에서 벗어난 판단을 내리는 일이 종종 있는 것이다. 『논어』의 언어에서 추측한다면, 군자는 꽤 자주 잘못을 범하는 존재였던 듯하다.

　하지만 그럼에도 왜 용서를 받느냐 하면, 모든 것은 연역적으로 결정되는 것이 아니기 때문이다. 만약 모든 것이 연역적으로 결정되고, 더구나 군자의 지적 능력이 뛰어나다면, 대개는 잘못을 범하지 않을 것이다. 그러나 공자가 말하는 세계는 그러한 것이 아니었다. 모든 것은 공동주관적으로 귀납적으로 결정되었다.

　그러므로 다음과 같이 말한 것이다.

㉼ 자공이 가로되, 군자의 과실은 일월의 식과 같다. 잘못하면 사람이 모두 그것을 본다, 고치면 사람이 모두 그것을 우러른다.(「자장」)

㉇ 子貢曰, 君子之過也, 如日月之食焉. 過也, 人皆見之, 更也, 人皆仰之.

㉆ 자공이 말했다. "군자의 과실은 일식이나 월식과 같은 것이다. 과실을 저지르면 [명백히 드러나 있으므로] 누구나 모두 그것을 보고, 고치면 누구나 모두 그것을 우러른다.(가나야, 388~389쪽)

만약 군자가 샤머니즘적 존재였다면, 공동체 사람들은 그의 과실에 그렇게 관용적일 수 없었을 것이다. 군자야말로 〈애니미즘〉적 존재였기 때문에, 공동체 사람들은 군자의 과실에 너그러웠던 것이다.

2. 〈제3의 생명〉과 인

제3의 생명

인이 〈생명〉이라고 말할 경우, 그 〈생명〉은 당연히 생물학적 생명이 아니다. 내 정의에 따라 말하자면 〈제3의 생명〉이다.

그것을 공자는 분명히 말하고 있다.

㊞ 자 가라사대, 지사인인은 생을 구하여서 인을 해하는 일이 없다. 몸을 죽여서 인을 이루는 일은 있다.(「위령공」)

㊞ 子曰, 志士仁人, 無求生以害仁, 有殺身以成仁.

㊞ 선생께서 말씀하셨다. "뜻이 있는 사람과 인한 사람은 목숨이 아까워 인덕仁德을 해하는 짓 따위는 하지 않는다. 때로는 목숨을 버려서라도 인덕을 완성한다."(가나야, 308~309쪽)

이 '생生'은 생물학적 생을 말하고 있다. 〈제1의 생명〉이다. 그에 비해 '인'은 〈제3의 생명〉이다. 그러므로 이 장을 내가 번역한다면 다음과 같이 된다.

㊞ 선생께서 말씀하셨다. "뜻이 있는 선비나 인한 사람은 육체적인 〈제1의 생명〉을 보전하려고 〈사이의 생명〉을 손상시키는 짓 따위는 하지 않는다. 제 육체를 멸하더라도 〈사이의 생명〉 즉 〈제3의 생명〉을 드러내는 일은 있다."(오구라)

어떤가. 이렇게 해석해야 비로소 『논어』가 말하고자 하는 의미가 명확하게 떠오른다고 할 수 있는 게 아닐까.

'인'을 무언가 고정된 인덕 같은 것으로 파악하면 안 된다. 자로는 위나라 포蒲의 재宰가 되었을 때, 위나라의 내란에 휘말려 비운의 죽음을 맞이했다. 공자는 깊이 슬퍼했다. 그러나 자로는 죽음의 순간에 인을 드러내었다. 상대의 칼을 맞고 쓰러져 갓끈이 끊어졌을 때, 자로는 '군자는 죽을 때도 갓을 벗지 않는다'고 말하며 갓끈을 고쳐 묶은 뒤 숨을 거두었다(『사기』「중니제자열전仲尼弟子列傳」).

이 일화에 드러나 있는 것은 틀에 꿰맞춘 '도덕'이 아니다. 자로는 그러해야 할 '때'(제6장 참조)에, 군자로서의 보기 드문 〈생명〉을 찬연하게 빛낸 것이다. 그렇기에 이때 자로가 보여준 선연한 지각상이 후세까지 (2천5백 년 뒤 우리에게까지!) 전해지고 있는 것이다. 무엇보다 보기 드물고 아름다운 지각상에 〈사이의 생명〉으로서의 인이 깃드는 것이라고 공자는 굳게 믿고 있었다.

효와 인

인이 〈제3의 생명〉이라면, '효'는 어떻게 해석되는 것일까.

이것은 중요한 문제이다. 왜냐하면 '효'는 보통 부모의 〈제1의 생명〉, 즉 육체적·생물학적 생명에 가장 직접적으로 연관되는 것이기 때문이다.

그러나 공자는 이 문제에 대해서도 분명하게 〈제1의 생명〉보다 〈제3의 생명〉을 우선시하고 있다.

⑳ 자유가 효를 여쭈었다. 자 가라사대, 지금의 효는 능히 기름을 이른다. 견마에 이르러도 모두 능히 기름이 있다. 경하지 않으면 무엇으로써 가리겠는가.(「위정」)

㉙ 子游問孝. 子曰, 今之孝者, 是謂能養. 至於犬馬, 皆能有養. 不

敬, 何以別乎.

㉭ 자유가 효에 대하여 여쭈었다. 선생께서 말씀하셨다. "요사이 효라는 것은 〔그저 물질적으로〕 충분히 부양하는 것을 가리키지만, 개나 말조차도 모두 충분히 양육한다. 존경하지 않으면 어디에서 구별하겠느냐."(가나야, 38쪽)

〈제1의 생명〉이 중요하지 않은 것은 아니다. 그러나 그것에만 관심을 집중한다면 개나 말과 다를 바 없다고 분명하게 말하고 있다. 가지 노부유키가 말한 '생명의 연속에 대한 자각'(『침묵의 종교 유교』, 지쿠마 학예문고, 2011, 83쪽〔이근우 옮김, 경당, 2002〕)만으로는 안 된다고 공자는 딱 잘라 말한 것이다.

오히려 효와 〈제1의 생명〉의 관계를 서술한 것은 다음의 한 장뿐이다.

㉫ 맹무백이 효를 여쭈었다. 자 가라사대, 부모에게는 오직 그 아픈 것을 근심하게 하라.(「위정」)

㉭ 孟武伯問孝. 子曰, 父母唯其疾之憂.

㉭ 맹무백이 효에 대하여 여쭈었다. 선생께서 말씀하셨다. "부모로 하여금 다만 자식이 병들면 어쩌나 하는 걱정만 하시게 해라.〔병드는 것은 어쩔 수 없는 경우도 있지만, 그 밖의 일에 대해서는 걱정을 끼쳐드리지 말아라.〕"(가나야, 37쪽)

『논어』에는 공자하고는 다른 증자의 효사상孝思想이 섞여들어 있다.

증자는 공자의 제자로, 나중에 효사상을 첨예하게 만들고, 이데올로기로 만든 인물이다. 공자의 효사상과 증자의 효사상은 서로 비슷한 것 같지만 본질적으로 전혀 다르다.

증자는 '효는 우선 〈제1의 생명〉을 중시한다'고 생각한 제자였기 때문에 이러한 기술이 남게 되었으리라.

그러나 이것은 공자의 진의가 아니다. '공자는 친부모를 일찍 여의었는데, 어째서 효에 집착하게 되었을까'라는 예부터 풀리지 않는 아포리아는 '공자가 말하는 효는 〈제1의 생명〉이 아니라 〈제3의 생명〉에 대한 것'이라 생각하면 간단하게 이해할 수 있다.

도와 인

도와 인의 관계는 어떠할까.

㊅ 자 가라사대, 아침에 도를 들으면, 저녁에 죽어도 가하다.(「이인」)

㊊ 子曰, 朝聞道, 夕死可矣.

㊎ 선생께서 말씀하셨다. "아침에 도를 들으면, 저녁에 죽어도 좋다."(오구라)

이것은 『논어』에서도 특별히 유명한 말의 하나인데, 이 말이 의미하는 바를 실은 잘 알 수 없다.

가나야 오사무의 번역은 "아침에 〔올바르고 진실한〕 도를 들었다면, 그날 저녁에 죽어도 좋을 거야"(74쪽)이다. 이렇게 해석할 경우, 공자가 과연 그렇게 감정적으로 흥분된 듯한 말을 했을까 하는 비판이 따라붙는다. 확실히 '중용을 이상으로 삼는' 공자의 말치고는 조금 지나치게 격렬한 구석이 없지 않다. 미야자키 이치사다 번역인 "자 가라사대, 아침, 진리를 들어 만족했다면, 저녁에 죽어도 아쉬울 것은 없다"(앞의 책, 60쪽)는 것 또한 공자의 말로서는 감정이 너무 승하다.

'아침에 도를 들으면'이라는 말을 단순히 '아침에 도의 내용을 들었다면', '아침에 도의 내용을 체득할 수 있었다면', '아침에 도의 내용을 마음으로 깨달았다면' 등의 의미로 파악하지 않고, '이 사회에서 도가 행해지고 있다는 것을 (아침에) 알았다면'이라고 해석하는 입장도 있다. 도가 행해지는 것의 곤란함을 숙지하고 있었던 공자이므로, 단순히 개인적으로 도를 들었다거나 알았다거나 체득했다는 의미가 아니라, 사회에 도가 스며드는 것을 더욱 기뻐했을 터이다. 따라서 '조문도朝聞道'의 해석으로는 이쪽이 더 좋을지도 모른다.

그러나 왜 '조문도' 하면 '석사가夕死可(저녁에 죽어도 가하다)'인 것일까. 공자가 생명을 소홀히 할 리는 없으므로, 이것은 한낱 레토릭인 것일까. 아니면 개인의 생사보다 도를 중요하게 여기는 도가사상이 여기에 섞여들어버린 것일까.

어느 해석이든 가능한 것으로 보인다. 다만 나는 다음과 같이 해석하고 싶다.

도를 듣고, 도를 알고, 도를 실천하는 것은 〈제1의 생명〉 즉 육체적 생명보다 중요한 것이다. 왜냐하면 개인의 〈생명〉보다 공동체의 〈생명〉이 중요하기 때문이다. 이 점에서 '개인의 〈생명〉보다 자연의 〈생명〉이 중요하다'고 생각한 도가는 공자와 명백히 다르다. 공자는 명백히 공동체나 사회 같은 인위적으로 '만든 것'의 〈생명〉에 중점을 두고 있다. 그리고 공동체나 사회의 〈생명〉을 빛내기 위해서라면, 개인의 〈생명〉은 가벼운 것이라 생각하라고 말한다. 앞에서 다룬 다음과 같은 말도 그것을 말하고 있다.

> ㉣ 자 가라사대, 지사인인은 생을 구하여서 인을 해하는 일이 없다. 몸을 죽여서 인을 이루는 일은 있다.(「위령공」)
> ㉠ 子曰, 志士仁人, 無求生以害仁, 有殺身以成仁.

이러한 임무를 주로 담당하는 것은 사士라는 사람들이다.

> ㉣ 증자 가로되, 사는 가히 써 넓고 굳세지 아니하지 못할 것이다. 맡은 것이 무겁고 길이 멀다. 인을 제 맡은 것으로 삼으니, 또한 무겁지 아니한가. 죽은 뒤에야 마느니, 또한 멀지 아니한가.(「태백」)
> ㉠ 曾子曰, 士不可以不弘毅, 任重而道遠. 仁以爲己任, 不亦重乎. 死而後已, 不亦遠乎.
> ㉤ 증자가 말했다. "사는 인간의 형성에 있어 마음이 광대하고, 또한 강하지 않으면 안 된다. 그 임무는 무겁고, 그 실천까지 가는 길이 멀기 때문이다. 인, 즉 〈사이의 생명〉을 빛내는 일을 제 임무로

삼으니, 그것이 무겁지 않을 리 없다. 죽기까지 그 임무를 계속해야 하는 것이다. 얼마나 원대한 임무인가.”(오구라)

그러므로 사에 대해서는 특히 강한 긴장감이 요구되었다. 다만 이 긴장감은 주자학에서 말하는 도덕적 긴장감이라기보다는 〈생명〉의 감수성을 극한까지 갈고 닦는 것을 가리킨다.

문文이냐 질質이냐

『논어』를 읽은 이가 반드시 품는 의문 중의 하나에 다음과 같은 것이 있다.

공자는 유가라고 한다. 유가는 의례를 중시한다. 의례는 말하자면 생물학적 생명(=〈제1의 생명〉)을 유지하는 데 반드시 필요한 것이라고는 할 수 없다. 오히려 여분의 것, 장식적인 것, 사치스럽고 과잉된 것이리라. 실제로 묵가墨家는 그런 식으로 유가를 비판했다. 하지만 『논어』에서 공자의 말을 들으면, 화려하고 아름다우며 사치스럽고 문화적인 것에 대한 극도의 혐오나 반발이 강하게 표명되어 있다. 이것은 도대체 어찌된 일인가.

이 의문은 매우 중요하다.

⑨ 자 가라사대, 강의목눌은 인에 가깝다.(「자로」)
⑩ 子曰, 剛毅木訥近仁.

㉭ 선생께서 말씀하셨다. "강직하고, 용감하고, 질박하고, 과묵한 것은 인덕에 가깝다."(가나야, 267쪽)

확실히 공자는 꾸밈없는 질박함과 강건함 같은 상태를 이상으로 여기는 것처럼 보인다. 경우에 따라서는 도가처럼, 일체의 장식을 거부하는 듯한 태도를 취할 때조차 있다.

본래 『논어』에는 도가 혹은 도가적 세계관을 드러내는 대목이 혼재되어 있다는 것이 학계의 정설이다. 그러나 공자는 도가는 아니다. 본래 공자 자신에게 도가적 요소가 섞여 있었든, 또는 후세에 『논어』를 편집하는 과정에서 도가적 세계관을 지닌 이들이 공자의 모습을 왜곡했든, 공자가 도가가 아니라는 사실은 명백하다.

공자는 물론 화려하고 아름다운 문화만을 추구한 사내는 아니었다. 중요한 것은 어디까지나 '문文(꾸밈)'과 '질質(내용)'의 균형이었다.

㉭ 자 가라사대, 질이 문보다 승하면 야. 문이 질보다 승하면 사. 문질이 빈빈하고 그러한 뒤에 군자이다.(「옹야」)

㉠ 子曰, 質勝文則野, 文勝質則史. 文質彬彬, 然後君子.

㉭ 선생께서 말씀하셨다. "질박함이 장식보다 강하면 야인野人이고, 장식이 질박함보다 강하면 문서담장자이다. 장식과 질박함이 잘 어우러지고 나서야 비로소 군자이다."(가나야, 116~117쪽)

'문질빈빈文質彬彬'의 상태에서야 그 자리의 〈생명〉이 빛난다고 말한 것이다. 즉 문화로서의 과잉과 인간으로서의 소박함이 하나의 줄을 서로 끌어당겨 팽팽해진 상태의 일점에서야말로 군자라는 현상이 드러난다고 말한 것이다.

이런 의미에서는 군자도 우발성의 존재임을 알 수 있다. 군자는 직책이나 호칭으로 규정되는 것이 아니다(다만 신분이나 지위를 가지고 군자라는 말을 쓰는 경우도 『논어』에 전혀 없는 것은 아니다). 어떤 사람이 인을 실현할 때 가끔 군자가 되는 것이다. 군자인 상태가 지속되지 않고 곧 군자가 아닌 상태가 되는 경우도 물론 있다. 될 수 있는 한 군자인 상태를 지속할 수 있는 것, 그것이 공자가 이상으로 여긴 삶이었다.

'남이 알아주지 않아도 원망하지 않는다. 얼마나 군자다운가'(「학이」)라는 말은 '남이 자기를 알아주지 않더라도 기분 상하지 않는 사람이 군자'라는 의미가 아니다. '남이 자기를 알아주지 않더라도 기분이 상하지 않을 때, 그 사람은 군자라는 현상으로서 드러나는 것'임을 말하는 것이다. 더욱이 '군자라는 것은 남이 자기를 알아주지 않더라도 기분이 상하지 않는 사람'이라는 일반적인 정의는 결코 아니다.

이 지점이 〈제3의 생명〉을 이해할 수 있는지 여부가 갈리는 대목이다. 주자학 이후의 〈범령론〉적 세계관, 즉 〈제2의 생명〉의 세계관에서는 『논어』의 언어를 모두 보편적 정의定義 같은 것으로 파악해버린다. 그러면서 『논어』를 성가시고 답답한 도덕을 말하는 책으로 취급해버린다.

단 하나의 지각상을 위하여—극기복례

㉠ 안연이 인을 여쭈었다. 자 가라사대, 나를 나무라고 예로 돌아
감을 인이라 여긴다. 하루 나를 나무라고 예에 돌아가면, 천하가
인에 귀歸한다.(「안연」)

㉡ 顏淵問仁. 子曰, 克己復禮爲仁. 一日克己復禮, 天下歸仁焉.

㉢ 안연이 인에 대하여 여쭈었다. 선생께서 말씀하셨다. "〔안으
로〕 제 몸을 삼가고 〔밖은〕 예〔의 규범〕로 돌아가는 것이 인이다.
하루라도 몸을 삼가고 예로 돌아가면, 온 세상이 인에 따르게 된
다."(가나야, 225쪽)

이 번역은 "〔안으로〕 제 몸을 삼가고 〔밖은〕 예〔의 규범〕로 돌아가는
것"이라는 식으로 내면과 외면으로 나누고 있는 지점이 잘못되어 있다.

㉢ 안연이 인이란 무엇인지 여쭈었다. 자 가라사대, 사심私心을 극
복하고, 보편적인 예의 정신으로 돌아가는 것이 인이다. 특히 주권
자가 하루만이라도 사심을 극복하고 예로 돌아간다면, 천하 인민
은 그날 하루 온종일 그 인덕에 마음을 주는 법이다.(미야자키 이
치사다, 앞의 책, 185쪽)

이 번역은 전형적으로 주자학적인 번역이다.

주자의 신주에서는 '극기克己'를 '사욕을 이겨내다'로 해석하고, '복례復

禮를 '천리天理로 돌아가다'로 해석한다.

그러나 본래의 의미는 그렇지 않다.

'극기'란 자기 한 사람의 주관으로 〈생명〉이 있는 곳을 찾아서는 안 됨을 말하고 있는 것이다. 그래서는 객관성을 확보할 수 없기 때문이다. 공동체에서 〈생명〉이 있는 곳을 찾기 위해서는 어디까지나 개인의 주관이 아니라, 공동주관적인 태도를 취해야 한다. 그리고 그러기 위해서는 '예'라는 '가장 안정된 규범'이 있으므로 그 규범에 따라 〈생명〉이 있는 곳을 탐구하고 그것을 빛내야 함을 말하고 있는 것이다.

그 작업에 성공하면, "그 〈생명〉의 빛은 한없이 커져서 천하 전체를 빛내는 것마저도 가능할지 모른다"고 공자는 말하고 있는 것이다.

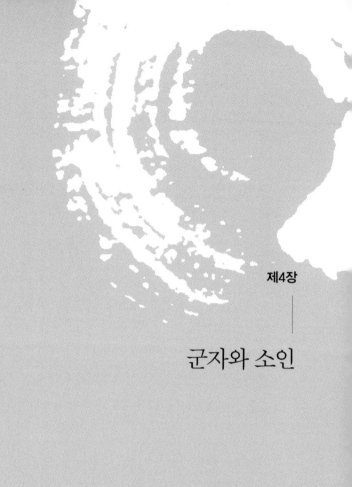

제4장

───

군자와 소인

1. 군자라는 이상理想

군자란 무엇인가

『논어』에서는 '군자'라는 이름으로 불리는 인간군人間群을 높이 평가한다.

이것을 모르는 사람은 아마도 별로 없을 것이다.

그러나 군자라는 것이 도대체 어떠한 인간인지는 거의 이해하지 못하고 있다고 해도 좋을 것이다.

'군자라는 것은 아마도 멸시하는 호칭이 아니고 아름다운 호칭이니까, 나쁜 의미는 아닐 것이다. 그러나 그 구체적인 의미는 잘 모르겠다. 일단 '훌륭한 사람'이라는 느낌은 확실히 든다.'

많은 사람의 이해는 이런 정도가 아닐까 생각한다. 이 해석이 틀린 것은 아니다.

『논어』나 유교에 대해 조금 알고 있는 사람은 '군자라는 것은 확실히 훌륭한 사람이긴 하지만, 돈이 많아서 훌륭하다든지 좋은 집에 살고 있어서 훌륭하다는 그런 의미가 아니라, 도덕적으로 훌륭하다는 의미이다"라고 말할지도 모른다.

이 해석도 틀린 것은 아니다. 다만 실제는 그렇게 단순하지 않다.

본래 『논어』뿐만 아니라 중국 고전에서 '군자라는 말은 ①정치를 행하는 입장에 있는 사람, 그럴 만한 입장에 있고 실제로 정치를 행하는 신분 높은 사람, 즉 위정자라는 의미와, ②덕망이 높은 사람, 그 덕망

덕분에 사람들에게 존경받는 사람, 즉 교양과 학식이 있고 도덕적으로 훌륭한 사람이라는 두 가지 의미가 있다(이 밖에 남편을 지칭하거나 2인칭으로 사용하는 경우도 있지만, 여기에서는 제외한다).

다만 이것만으로는 『논어』에 나오는 군자가 구체적으로 어떠한 사람들이었는지 알 수 없다.

위정자라 해도 정치가 전반을 가리키는가, 아니면 그중의 일부 특별한 사람들을 가리키는가. '도덕적으로 훌륭하다'는 것은 도대체 어떤 의미인가. 또한 그 도덕의 내용은 도대체 어떠한 것이었는가. 춘추전국시대의 다른 책에 엄청나게 많이 나오는 군자라는 말과, 『논어』의 군자는 어떻게 다른가. 이러한 문제를 고려하면, 군자라는 개념은 꽤나 어려운 문제임을 알 수 있다.

본서에서는 공자가 말하는 군자에 관해 여태까지와는 다른 설을 주장한다. 그것은 제1장에서도 서술했듯이, "『논어』에서의 '군자'란, 한 마디로 하자면, 〈애니미즘〉적인 교양을 갖춘 사람을 가리킨다"는 설이다.

군자의 이중성

공자에게 군자라는 개념은 매우 심각한 이중성을 지니고 있었다. 아마도 그것은 공자라는 인간의 실존의 핵심부분에 깊은 균열을 낳을 듯한 통증을 동반한 이중성이었다고 생각한다.

공자가 이상으로 삼은 정치는 주나라가 봉한 여러 나라가 전통적인 예를 따라 군주의 힘으로 통치하는 것이었다(이와는 반대로 현실은 경

卿이라는 신분의 신하들이 실권을 쥐고 있었다). 그리고 군자란 원래 정치에 직접 참가할 수 있는 신분에 있는 이를 가리켰다.

그러나 공자 자신은 귀족이 아니어서, 군주의 통치에 직접 참가할 수 있는 신분이 아니었다. 즉 공자는 군자가 아니고, 군자가 될 가능성도 거의 없었던 것이다. 좀더 심각한 사실은, 공자가 군자라면 당연히 알고 있어야 할 '예禮'를 실제로는 거의 몰랐다는 점이다. 훗날 노나라 종묘에 처음 들어갔을 때, 비천한 신분에서 갑자기 출세한 공자는 진짜 군자들에게 '이런 기본적인 예도 모르느냐'고 모멸당하는 굴욕을 겪었다.

그 대신 공자가 직접 몸으로 알고 있었던 것이 무엇인가 하면, 향당에서 보이는 장로들의 행동거지, 예의범절, 세간에서 일을 결정하는 방법 따위였다. 향당이라는 것은 일정한 지역에 모여 살며 지역에서 정해둔 일, 연중행사, 제사, 교육 등을 공동으로 행하는 일정한 규모의 집단이다. 젊은 공구孔丘가 실제로 경험하고 알았던 것은 군주가 종묘나 조정에서 행하는 정치와 의식이 아니라, 지역의 자치회 같은 조직에서 보이는 일상적인 풍습 전반이었다.

공자는 실제로 조정에서 행해지는 예를 몸으로 체득하지는 못했기 때문에, 그가 '군자란 어떠한 사람인가'라는 물음을 받았을 때, 그 대답은 자기가 숙지하고 있는 향당 장로들의 행동거지를 **통해서** 상상할 수밖에 없었다.

그리고 향당의 장로나 사람들이 경의를 품고 대우하는 대인大人들(자子라고 부른다)이 지닌 세계관은 실은 조정에서 정치에 종사하는 군자들의 그것과는 크게 달랐다. 무슨 말인가 하면, 향당이라는 집단의 기본적인 사고방식은 〈애니미즘〉이었지만, 조정에서 정치에 종사하는 군자들의 세계관은 샤머니즘적이었기 때문이다.

여기에서 〈애니미즘〉에 〈 〉가 붙어 있는 것에 주의하기 바란다. 이 〈애니미즘〉은 흔히 종교학에서 말하고 있는 것과는 다르다. 이미 본서에서 몇 번인가 설명한 것처럼, 무엇이 생명인가 하는 문제에 대해 일반적인 정의를 내리지 않고, 집단을 구성하는 이들의 공동주관에 따라 그때그때 그 사상事象이 생명인지 아닌지를 결정하는 그런 세계관이다.

향당에서 장로나 자子라고 불리는 사람들이 담당하고 있었던 것은 그러한 〈애니미즘〉적인 지知였다. 『논어』 「향당」 편은 〈애니미즘〉적인 지知, 감성, 행동거지가 어떠한 것인지를 단편적으로 기록하고 있다.

여기에 공자의 군자라는 개념이 지닌 이중성이 결정적으로 드러나 있다.

즉 그가 실제로 경험할 수 있었던 인仁의 세계는 향당에서의 그것이었다. 조정에서 벌어지는 것은 상상에 맡길 뿐이었다. 그러므로 당연히 젊은 공구는 자기가 숙지하고 있는 향당의 분위기에서 '인이란 이러한 것', '군자란 이러한 것'이라고 추측했을 것이다. 이것이 공자 세계관의 근본을 이루고 있었던 것인데, 훗날 그가 실제로 조정에 드나들게 된 뒤로도 이 토대는 바뀌지 않았고, 바꿀 수 있는 것도 아니었다.

이리하여 공자는 향당이라는 매우 전통적이고 보수적인 집단에서 보이는 〈생명〉의 모습을 규준으로 삼아 군자라는 개념을 새롭게 구축했던 것이다.

그러니까 제자를 맞아들인 뒤에도 공자는 군자라는 말을 조정에서 실제로 정치를 행하는 이라는 의미로는 사용하지 않고(이따금 그렇게 사용한 경우도 있다), 향당의 세계관을 향당이라는 구체성에서 분리시켜 이상화하여 사용하게 되었던 것이다.

그뒤의 군자

그리고 이 〈애니미즘〉적 군자는 향당이라는 본래의 집단에서 풀려나 공자 학단에서 보편적인 개념이 되었고, 공자의 명성이 높아짐에 따라 현실정치에서도 어느 정도 영향을 끼치게 되었다. 더욱이 공자가 죽은 뒤에는 유가가 융성하기 시작하여, 이윽고 공자를 성인화하거나 '소왕素王(무관의 제왕)'이라고 말하는 세력마저 나왔다. 한대 이후에는 유교가 국교화되었고, 훗날 송대를 거쳐 원대 이후에는 유학에 의한 사상통일이 심화되었다.

이러한 흐름 속에서, 본래 거대한 국國하고는 전혀 관계가 없었던 향당의 감성이 거대한 통일국가의 이념이 되어버렸다. 작디작은 공동체에서 어디에 〈생명〉이 드러나는지를 따지는 〈애니미즘〉적 감성이었던 인이라는 개념이나, 그것을 담당하는 군자라는 개념이 어느 사이엔가 거대 통일제국의 중심이념이 되어버린 것이다. 그리고 그 과정에서 인이나 군자라는 개념의 내용은 당연히 바뀌지 않을 도리가 없었다. 〈애니미즘〉에서 샤머니즘적인 〈범령론〉으로 흘러간 것이다.

그 배경에는 공자라는 인간의 이중성과, 그 이중성을 향한 깊은 상처의 의식이 있었다. 공자가 좀더 순수하게, 아무 선입관 없이 군자(신분)의 세계관을 배우거나 혹은 향당의 세계관 속에 끝까지 틀어박혀 있었다면, 그뒤의 중국사상사는 전혀 다른 모습이 되었을 게 분명하다.

군자와 국가

군자는 씨족공동체나 향당공동체를 기반으로 한 읍제邑制국가에서 사람들에게 존경을 받던 존재이다. 읍제국가는 규모가 작은 것이 특징이다.

공자가 이상으로 여긴 것은 예부터 내려온 예禮에 따라 사람들이 조화롭고 평화로이 사는 국가이다. 물론 그러한 국가가 반드시 소규모여야만 가능한 것은 아니다. 거대한 국가에서도 그렇듯 화기애애한 공동체를 형성하는 게 가능할지도 모른다. 실제로 공자가 이상으로 여긴 주나라는 규모가 큰 당당한 국가이면서, 예를 통해 조화와 평화를 실현했다고 공자는 인식하고 있었다.

따라서 공자가 일부러 작은 국가를 지향했다고 보는 것은 잘못이다. 그러나 특히 전국시대의 여러 사상가와 비교하면, 공자가 역시 거대한 국가를 지향하지 않았다는 사실은 분명하다. 보편적인 거대국가를 지향하게 된 것은 유가에서 보면 맹자 이후이고, 그뒤 법가에 이르면 그 지향이 극대화되어간다. 그것에 비하면 공자가 이상으로 삼은 국가는 매우 소박한 것이었다.

군자는 읍제국가에서 조화와 평화를 실현하게 만드는 인물이다. 그 자질로서 공동체의 역사에 바탕을 둔 관습이나 규범, 문화에 정통해야 했다. 그러나 단순히 아는 게 많다고 해서 군자가 되는 것은 아니다. 왜 냐하면 군자는 〈애니미즘〉적인 인간이기 때문이다. 사·물事物과 사람이 발하는 생명력을 공동주관적인 아우라로서 파악할 수 있는 사람이 군 자인 것이다.

군자란 누구인가

공자는 말한다.

㉘ 자 가라사대, 십실의 읍에 반드시 충신이 구와 같은 이가 있을 것이다. 구가 학을 좋아함만 같지는 못할 것이다.(「공야장」)
㉕ 子曰, 十室之邑, 必有忠信如丘者焉, 不如丘之好學也.
㉖ 선생께서 말씀하셨다. "열 가구가량의 촌마을에도 구(나)만큼 충신忠信을 간직한 사람은 있을 것이다. 구가 학문을 좋아하는 것 에는 미치지 못하겠지〔만〕."(가나야, 103~104쪽)

'십실지읍十室之邑'은 가구수가 열 가구가량인 작은 마을이라는 뜻이 다. 아마도 열 가구 정도라면 성인남성은 아무리 많아도 수십 명밖에 없을 것이므로, 공자가 생각하기에 '충신'이라는 덕목은 열 명에서 수십 명가량의 성인남성이 있으면 반드시 그중 한 명쯤은 실천할 수 있는 것 이었다. 더구나 이 대목에서 말하는 성인남성은 위정자나 귀족을 가리 키는 말이 아니다. 어디에나 있을 법한 평범한 촌리나 부락에 있는 보통 사내이다.

그런데 공자는 이런 말도 했다.

㊅ 자 가라사대, 군자는 (중략) 충신을 주로 하고, 자기만 못한 이를 벗으로 삼지 말라. (후략) (「학이」)

㊅ 子曰, 君子 … 主忠信, 無友不如己者, …

㊈ 선생께서 말씀하셨다. "군자는 (중략) 〔진심의 덕인〕 충과 신을 으뜸으로 삼고, 저보다 못한 이를 벗으로는 삼지 말라. (후략)"(가나야, 25~26쪽)

그러니까 공자가 보기에는, 충신을 주로 삼아 실천할 수 있다면, (물론 그것만은 아니겠지만) 군자로서 드러날 수 있는 인물이었다. 무슨 말인가 하면, 아주 평범한 '십실지읍'에도 군자라고는 말할 수 없을지 모르지만 군자가 될 자격이 있는 사내가 있다는 말이다.

또한 공자는 이렇게도 말했다.

㊅ 자 가라사대, 제자, 들어가서는 곧 효하고, 나가서는 곧 제하며, 삼가고 신이 있으며, 널리 중을 사랑하고 인에 친하며, 행하고 여력이 있으면 곧 써 문을 배운다.(「학이」)

㊅ 子曰, 弟子, 立則孝, 出則弟, 謹而信, 汎愛衆, 而親仁. 行有餘力, 則以學文.

㊈ 선생께서 말씀하셨다. "젊은이여. 가정에서는 효도하고 바깥에

서는 제순(悌順)하며, 삼가고 성실하며, 뭇사람을 널리 사랑하고 인한 사람과 친하게 지내라. 그렇게 실행하고서도 여전히 여유가 있다면, 책을 배울 일이다."(가나야, 23~24쪽)

즉 '제자(젊은이)'가 '학문學文(문을 배우다)'하는 것은 우선 그 전에 실천(효·제·근·신·애중·인애·행孝悌謹言衆仁愛行)을 하고 나서의 일인 것이다. 이 말과 앞서 언급한 '구가 학문을 좋아하는 것에는 미치지 못한다'는 대목을 합쳐서 생각해보면, 군자를 지향하는 젊은이는 우선 책을 통해 배우기 전에 실천(효·제·근·신·애중·인애·행孝悌謹言衆仁愛行)을 하지 않으면 안 된다. 이것들이 가능해진 다음에 책을 통해 배워야 하는 것이다. 그리고 '십실지읍'에도 효·제·근·신·애중·인애·행 가운데 적어도 몇 가지를 실천할 수 있는 사람은 있는 법이다. 다만 부족한 것이 있다면 책을 통한 배움이었다.

이 언저리가 공자가 말한 군자의 원형에 가까운 모습이다.

군자와 〈생명〉

군자란 공동체의 〈생명〉을 빛낼 수 있는 사람이다.
그러면 그 〈생명〉의 내용은 어떠한 것이었을까.

(훈) 자, 구이에 거하고자 하셨다. 어떤 이가 가로되, 더러움 이것을 어찌하시겠습니까. 자 가라사대, 군자가 거기에 거한다면, 무슨 더

러움이 있겠느냐.(「자한」)

子欲居九夷. 或曰, 陋如之何. 子曰, 君子居之, 何陋之有.

선생께서 동방에 아홉 곳 있는 야만의 땅 어디라도 좋으니 이
주하시려 생각하셨다. 어떤 이가 말했다. "문화와 거리가 먼 저런
땅에서 어쩌신다는 말씀입니까." 선생이 말했다. "군자가 거기에
있다면, 어떻게 문화의 〈생명〉이 빛나지 않는 일이 있을까."(오구
라)

키워드는 '누陋'이다. '지저분하다, 누추하다'(가나야 오사무), '물리적
인 조건, 심리적인 조건 모두 지저분하고 누추한 것'(요시카와 고지로),
'야비野鄙'(가지 노부유키), '저속하다, 의복이나 언어 따위가 중국 본토
처럼 우미優美하지 않다'(우노 데쓰토), 'lack of refinement'(아서 웨일
리) 등으로 해석하고 있지만, 어느 해석도 핵심을 쥐고 있지 않다.

이 '누'는 '문명·문화에 뒤처져 있는 상태'를 말한다. 즉 외형적으로는
의복이나 언어나 예의 따위가 세련됨과는 거리가 먼 상태를 말하는 것
인데, 그러한 상태에서는 문명·문화에 따른 〈생명〉이 빛나지 않는 것이
다. 하지만 그러한 동이東夷 지역에서도 군자가 거기에 거하면 문명·문
화의 〈생명〉은 빛난다고 공자는 말하고 있는 것이다.

따라서 군자가 담당하는 〈생명〉은 도가에서 말하는 '자연이나 우주
와 혼연일체가 된' 〈범령론〉적인 것과는 전혀 다르다. 어디까지나 인간
이 만들어낸 문명·문화에 그 기초를 둔 〈생명〉이다. 공동체적이고 인위
적이다. 한 걸음 더 들어가 말하자면, 공자가 중요하게 여기는 〈생명〉은

생물학적인 〈제1의 생명〉과는 관계가 없는 개념이다. 도가에서 중요하게 여기는 〈제2의 생명〉은 결국 생물학적인 〈제1의 생명〉에 그 근거를 두고 있다. 그러나 공자의 〈제3의 생명〉은 〈제1의 생명〉과 전혀 관계가 없는 것은 아니지만, 오히려 좀더 인간의 상상력이나 인위성과 강하게 결부된 개념이다.

이 지점을 명확하게 이해해두어야 한다. 왜냐하면 증자나 자사나 맹자 이후, 유가는 도가의 영향을 받아 자연이라는 관념, 나아가 〈제2의 생명〉의 관점을 많이 끌어들이게 되었기 때문이다. 그 결과 공자가 말한 '인공적이고 공동주관적인 〈제3의 생명〉'이라는 관념이 망각될 위기에 놓이게 되었다. 『논어』를 허심탄회하게 다시 한 번 읽어보기 바란다. 공자가 도가적인 세계관을 토로하는 장이 몇 군데나 있지만, 그것들은 모두 〈범령론〉과는 관계가 없음을 쉽게 눈치챌 것이다. 도가적인 세계관은 〈범령론〉적인 〈제2의 생명〉이다. 공자가 본래 취하고 있었던 자세는 〈범령론〉이 아니다. 공자가 관심을 기울인 것은 바로 문화적·문명적인 데다 영속하지 않고 순간적으로 명멸하는 인공적인 〈생명〉이며, 그것이 인이다. 그리고 '인'이라는 과제를 담당한 것이 '군자'라는 사람들이었다.

남이 알아주지 않아도 원망하지 않는다

『논어』에서 군자라는 말이 처음으로 나오는 것은 저 유명한 「학이」의 첫머리 장, '자 가라사대, 배우고 때로 그것을 익힌다……'에서이다. 『논어』의 편자가 이 장을 전체의 첫머리에 놓은 의미를 결코 과소평가해서는 안 된다. 그 의미를 탐색하면서 이 장을 깊이 음미해보자. 과장해서 말한다면, 이 한 장만으로『논어』의 전체 모습을 이해할 수 있다(이토 진사이는 이 장을 '소논어'라 불렀다*).

㊞ 자 가라사대, 배우고 때로 그것을 익힌다. 또한 기쁘지 아니한 가. 벗이 먼 데서 바야흐로 옴이 있다. 또한 즐겁지 아니한가. 남이 알아주지 않아도 원망하지 않는다. 또한 군자답지 않은가.(「학이」)

㉡ 子曰, 學而時習之, 不亦說乎. 有朋自遠方來, 不亦樂乎. 人不 知而不慍, 不亦君子乎.

㉭ 선생이 말했다. "배우고, 그리고 **적절한 때에** 익힌다, 참으로 기쁘지 않은가. 벗이 먼 데서 **바야흐로** 도착한다, 참으로 즐겁지 않은가. 남이 저를 알아주지 않아도 불쾌해하지 않는다, **그때에야 비로소** 군자가 아닌가."(오구라)

이 장은 세 부분으로 이루어져 있다. 우선 그것에 의미가 있음을 염 두에 두자. 왜 그 세 부분이『논어』전체를 대표하는 것일까.

이 장을 단순하게 말하면, '배우고 익히는 것은 기쁜 일이다. 벗이 먼 데서 오는 것은 즐거운 일이다. 남이 이해해주지 않더라도 아무렇지 않 은 것은 군자다운 일이다'라는 말이다. 그렇다면 이 세 가지는 어떻게

---

* 이토 진사이(1627~1705)의 논어연구서 한국어판: 장원철 옮김, 『논어고의論語古義 상·하』, 소명출판, 2013; 최경열 옮김, 『논어고의』, 그린비, 2016.

유기적으로 관계를 맺고 있는 것일까.

키워드는 '시時'이다. '배우고 **때로** 그것을 익힌다'고 했다. '배우고 그것을 익히는' 것이 아니다. 이 '때로'라는 말은 요시카와 고지로의 표현을 빌리면 "그러해야 할 때, 영어로 말하면 'timely'라는 뜻이지, 때때로, 'occasional'이라는 뜻이 아니다"(『논어 (상)』, 아사히 선서, 1996, 19쪽). 아서 웨일리의 번역은 'at due times'이다(Arthur Waley, *The Analects of Confucius*, Vintage Books, 1989, 83쪽). 덧붙이자면, 여기서 말하는 '그러해야 할 때'라는 것은 어떤 당위나 의무라는 뜻이 담긴 '그러해야 할'이 아니다. 때마침, 우연히, 하지만 일어나고 보면 결과적으로 절묘한 타이밍이었다는 의미이다. 즉 미리 준비하거나 계획해서, 용의주도하게 의지를 담아 그 '때'를 노린 것은 아니다. 때마침, 딱 그 순간을 찾아냈다는 느낌이다.

하지만 실은 완전한 우연은 아니다. 왜냐하면 그런 절묘한 타이밍을 찾아낼 수 있으려면 익숙해질 때까지 꽤 시간을 들여야 하기 때문이다. 어림짐작으로 되는 일이 아니다. 그러나 주도면밀하게 계획해서 하는 것도 아니다. 자연스런 흐름 속에서 때마침, 그러나 마치 계산이라도 한 듯이 미묘하게 그 순간을 잡아내는 것이다. 이것을 '적절한 때에(時)'라고 이른 것이다. 그러므로 여기서의 '시時'는 그 앞에 나오는 접속사 '이而'와 묶여 하나의 의미를 이루고 있다고 보는 게 좋다. '학이시습지'는 '학'과 '습' 사이가 '이시(그리고 적절한 때에)'라는 절묘한 순간으로 묶여 있는 것이다. 그리고 그 순간에 '열說(기쁘다, 기뻐하다)'이라는 〈생명〉이 빛나며 드러난다.

다음에 이어지는 '유붕자원방래'는 보통 '벗이 있어 원방遠方에서 온다'든지 '벗이 원방에서 옴이 있다' 등으로 읽는다. 그러나 그것은 잘못이다. 왜냐하면 이 대목도 또한 '배우고 **적절한 때**에 그것을 익히는' 것과 마찬가지로, 타이밍을 말하고 있기 때문이다. 그러므로 이 구절은 마땅히 '벗이 먼 데서 바야흐로 옴이 있다'거나 혹은 '벗이 있어 먼 데서 바야흐로 온다'고 읽어야 한다. 이것 또한 벗이 먼 데서 오는 바로 그 순간에 '락樂(즐겁다, 즐기다)'이라는 〈생명〉이 드러남을 말하고 있는 것이다.

이렇게 생각하면, 세번째는 '남이 저를 알아주지 않아도 불쾌해하지 않는' 순간에, 군자라는 인간이 나타나는 것을 말하고 있음을 알 수 있다. 즉 '남이 제 가치를 이해하지 않는, 자기를 과소평가하는, 자기를 업신여기는, 자기를 무시하는' 따위의 굴욕적인 장면에서도 '원망하거나 분노하거나 불쾌해하거나 성질을 내는' 음울한(마이너스) 감정을 갖지 않을 때야말로 〈사이의 생명〉은 빛난다는 말이다. 그리고 그러한 인물이야말로 군자라고 할 수 있지 않을까 하고 공자는 말하고 있는 것이다.

군자는 무엇보다 〈사이의 생명〉=〈제3의 생명〉을 빛낼 수 있는 사람이다. 그리고 그것을 가능하게 하는 데는 '적절한 때(時)'가 중요하다.

『논어』는 그것에 대해 말하는 책이다.

2. 군자와 소인

소인이란 무엇인가

군자의 반대는 소인이다. 군자가 〈애니미즘〉적 인간이라면, 소인은 샤머니즘적 인간이다. 『논어』에는 군자와 소인을 대비한 갖가지 명언이 있는데, 그 모든 구절들에서 샤머니즘적 인간을 낮게 평가하고 있다.

다만 소인을 부도덕한 인간으로 해석하는 것은 잘못이다.

소인은 부도덕한 인간이 아니라, 저 자신을 도덕적인 인간이라 인식하고 있지만 그 도덕의 내용이 잘못되어 있는 인간을 가리킨다.

또한 군자는 지배층, 소인은 피지배층이라 생각하는 것도 잘못이다. 『논어』「옹야」편에 다음과 같은 중요한 말이 나온다.

> ⑱ 자, 자하에게 일러 가라사대, 너는 군자유가 되어라. 소인유가 되지 말라.(「옹야」)
>
> ⑲ 子謂子夏曰, 女爲君子儒, 無爲小人儒.
>
> ⑳ 선생께서 자하에게 말씀하셨다. "너는 군자다운 학자가 되어라. 소인 같은 학자가 되지 않도록 해라."(가나야, 113~114쪽)

군자도 소인도 모두 '유儒'이다. 군자만 '유'이고, 소인은 '민民'(피지배층)인 것이 아니다.

키워드는 물론 '군자유'와 '소인유'이지만, 가나야 오사무는 이것을 '군자다운 학자'와 '소인 같은 학자'라고 번역했다. 의미를 알 수 없는 번역이다. '제 몸을 닦는 것과 한낱 명예를 구하는 것의 차이라 보는 것이 통설. 이토 진사이는 사회적 영향력 유무에 따른다고 보았다'고 주를 달았다.

'제 몸을 닦는' 것이 '군자유'이고, '한낱 명예를 구하는' 것이 '소인유'라고 말하는 것은 『논어』를 도덕적으로 이해한다는 목적을 미리 설정한 다음에 나온 해석이다. 이러한 해석의 문제점은 소인을 한없이 매력 없는, 그저 오로지 덕이 없는 별 볼 일 없는 인물로서만 파악하게 된다는 데 있다. 제2장에서도 서술했지만, 공자는 그런 별 볼 일 없는 인물 군을 비판했던 것일까. 그런 별 볼 일 없는 인물들에 대한 비판을 모은 책(『논어』)이 2천 년 넘게 한없는 매력을 발휘하는 일이 있을 수 있을까. 동아시아는 그런 시시한 지성의 소유자들만 모여서 산 지역이었을까.

우리는 이 문제를 진지하게 검토할 필요가 있다.

군자와 소인

군자와 소인은 어떻게 다른 것일까.

㉘ 자 가라사대, 군자는 상달한다. 소인은 하달한다.(「헌문」)

㉙ 子曰, 君子上達, 小人下達.

㉛ 선생께서 말씀하셨다. "군자는 아래에서 위로 올라간다. 소인

은 위에서 아래로 내려온다."(오구라)

이 구절을 일반적으로 "군자는 고상한 것에 통하지만, 소인은 비천한 것에 통한다"(가나야 오사무)고 해석한다.

하지만 이미 제1장에서 서술했듯이 그러한 뜻이 아니다.

요시카와 고지로는 고주古注에 따라 "군자는 본질적인 것에 통효通曉하려 하고, 소인은 시시하고 말초적인 것들에 통효한다"고 번역했다(『논어 (하)』, 아사히 선서, 1996, 172쪽). 완전히 틀렸다고 할 수는 없지만, 이 번역대로라면 소인은 정말로 그저 시시하고 하찮은 인간이 되어버린다. 만약 소인이 정말로 하찮고 별 볼 일 없는 인간이라면, 어찌하여 공자가 그런 인간을 늘 경계하고, 따지고, 멸시해야 했을까. 하나의 해석은 미야자키 이치사다가 말한 것처럼, 『논어』에서 말하는 '군자'는 많은 경우 제자들에게 말할 때의 '제군諸君'이라는 의미였을 것이라 생각하는 것이다. 그렇게 보면, 『논어』에서 군자와 소인이 대비되어 있는 대목은 대개 '제군(군자)은 훌륭한 인간이 되어야지, 시시하고 별 볼 일 없는 인간(소인)이 되지 않도록'이라는 교육적인 말로 읽을 수 있다. 하지만 정말로 그럴까. 『논어』는 그렇게 차원이 낮은 내용을 담은 책일까.

그렇지 않다. 오히려 공자는 자기의 범주에서는 '소인'이라 멸시한 부류의 인간들이 현실사회에서 실은 '군자'보다 훨씬 강한 실력과 영향력을 가지고 있다는 사실을 잘 알고 있었다. 그러므로 군자와 소인을 대비한 장은 단순히 제자들에게 '소인처럼 시시하고 별 볼 일 없는 인간이 되지 말고, 훌륭한 인간이 되라'고 한가롭게 여유 부리며 말하고 있는 것이 아니다. 지금 위세를 떨치고 있는 '새로운 글로벌한 세력'이 실은 얼마나 '인'과 무관한 인간들인지를 다양한 표현을 구사하여 필사적으로 말하고 있다고 보아야 한다.

이 장을 우노 데쓰토는 주자의 신주新注를 충실히 따라, "군자는 평소 바른 도를 따르므로, 그 덕이 날로 향상되어, 고명高明의 극極에 도달한다. 소인은 평소 사욕을 따르므로, 그 덕이 날로 내려가 오하汚下의 극에 도달한다"고 번역했다(『논어신역』, 고단샤 학술문고, 1980, 437쪽). 이것은 군자의 성격을 '도덕'이라는 틀에 끼워맞춘 해석이라, 본서에서는 채택할 수 없다.

또한 주자학에 따른 이러한 해석을 왜 엄격주의嚴格主義라 부르는가 하면, '군자가 천리에 따르고, 소인이 사욕을 따르는 분기점은 제 마음이 막 기동起動하는 그 순간에 있다'고 생각하기 때문이다. 군자든 소인이든 본래는 선한 존재이다(성선설). 거기에 근원적인 차이는 없다. 그러나 마음이 미발未發한 상태에서 막 움직이기 시작한 최초의 순간에, 군자는 천리의 방향으로 기동하는 데 비해, 소인은 사욕의 방향으로 기동해버린다. 처음에는 아주 작은 차이에 불과하지만, 그것이 나날이 거듭되고 쌓임으로써 그야말로 '현격한 차'(상달과 하달)가 나게 된다. 그러므로 군자다운 인간은 일상의 어떤 순간에도 마음을 단속하여 엄격하게 천리를 향해야만 한다. 그래서 엄격주의인 것이다. 그리고 이 장에서 공자가 말하는 본래의 의미는 주자의 그러한 해석과는 다르다.

그렇다면 이 장은 어떤 의미인가.

군자의 세계인식은 자잘하고 구체적인 것(下)에서 귀납적으로 이런저런 시행착오를 되풀이하면서 도(上)를 향해 올라가는 것이 '군자는 상달한다'는 문장의 의미이다. 구체적인 사·물事物을 배우는 것(下學)에서 도라는 추상적 가치를 만들어가는(上達) 것이다.

그런데 소인들은 그렇게 시간이 걸리고 더딘 일을 하지 않는다. 이미 진리가 어딘가에 있다면, 재빠르게 그 위에 있는 권위적인 가치를 연역적으로 아래로 끌어내려서 아래에 있는 이들에게 가르치려 한다. 그러한 사람들이다.

그래서 다음과 같은 대목에서 '교언영색'이라는 말은 소인을 가리킨다고 보아도 좋다.

⑤ 자 가라사대, 교언영색, 드물구나 인.(「학이」, 「양화」)

⑥ 子曰, 巧言令色, 鮮矣仁.

왜 소인은 교언영색인 것일까. 이미 어딘가에 있는 진리나 가치를 재빠르게 손에 넣고, 그것을 공동체에 가져와 위에서 수직적으로 아래에 있는 이들에게 전하는 역할을 하는 자(小人)는 가장 효율적인 커뮤니케이션 방법을 선택하기 때문에, 교언巧言(솜씨 좋게 말하는 것)과 영색令色(용모·자태를 글로벌 풍으로 과잉되게 매만져 인상을 좋게 하는 것)에 뛰어나기 때문이다. 즉 소인이야말로 글로벌한 시대의 뛰어난 엘리트인 것이다. 공자는 바로 그것을 알고 있었기 때문에 소인을 집요하게 비판했다. 소인은 그저 문자 그대로 '시시하고 별 볼 일 없는 인간'을 가리키는 말이 아니다.

소인들은 글로벌한 가치와 친화력을 가지고 있다. 그것은 군자들이 오랜 공동체의 가치에 틀어박혀 세계의 새로운 조류에 등을 돌리고 있는 것과 대조를 이룬다.

『논어』「양화」편에 나오는 다음과 같은 대목은, 소인들이 글로벌한 패권을 노리는 세력과 결탁하여 전통적인 국가나 제후에 의한 통치가 지닌 아름다움을 전복하고 질서를 파괴하는 것을 말하고 있다.

㈜ 자 가라사대, (중략) 이구가 방가를 뒤엎는 것을 미워한다.(「양화」)

㉠ 子曰, … 惡利口之覆邦家者.

㈎ 선생께서 말씀하셨다. "(중략) 입만 산 자가 국가를 뒤집어엎는 것을 증오한다."(가나야, 355쪽)

그리고 다음과 같은 문제도 있다.

㈜ 자 가라사대, 군자는 화하고 동하지 않으며, 소인은 동하고 화하지 않는다.(「자로」)

㉠ 子曰, 君子和而不同, 小人同而不和.

㈎ 선생께서 말씀하셨다. "군자는 다른 사람과 조화를 이루지만 뇌동하지 않는다. 소인은 뇌동하지만 조화를 이루지 못한다."(가나야, 265쪽)

군자는 씨족공동체와 향당공동체의 가치를 중요하게 여기는 사람이기 때문에, 어떻게 해야 공동체 안의 인간적 유대가 〈생명〉의 빛을 가장 잘 발휘할 수 있는가 하는 문제에 늘 민감하다. '화和'는 그 유대가 조화롭게 빛나는 상태를 가리킨다. 하지만 이 조화는 구성원 모두가 같은 가치관을 가지게 되면 드러나지 않는다. 모든 다양성이 차이를 지닌 채 갖가지 색으로 반짝반짝 빛날 때 가장 아름답게 드러나는 것이다. 그러므로 '부동不同'이다. 이 다양성을 파괴하는 가장 강력한 요소는 보편적 가치, 글로벌한 세계관 따위일 것이다. 따라서 군자는 그러한 보편적 가치에 자기를 동일화하지 않는다. 이런 의미에서도 '부동'이다.

하지만 소인은 반대이다. 소인이 가장 중요하게 여기는 가치는 보편성이기 때문에, 그들은 성급하게 자기를 보편적 가치와 동일화한다(同). 그러나 헤게모니를 노리는 보편적이고 글로벌한 가치는 반드시 토착적이고 고유한 여러 가치와 대립한다. 그리고 격렬한 헤게모니 투쟁을 펼치게 된다. 그러므로 소인은 '불화不和'한다.

소인은 피지배층이 아니다

앞서 언급한 '군자화이부동君子和而不同, 소인동이불화小人同而不和'를 마르크스적 계급사관에 따라 해석하면, 이렇게 된다. "군자는 자기들 계급 내부에서는 조화하지만(和), 소인들과의 평등(同)을 싫어한다. 소인은 평등(同)을 지향하지만, 그러기 위해서는 계급투쟁을 해야 하므로 군자와 조화(和)하지 않는다." 이 경우의 소인은 당시 발흥하고 있던 농

민과 수공업자들이다(예를 들면 송영배, 『중국사회사상사』, 서울: 한길
사, 1986).

하지만 나는 이러한 해석을 채택하지 않는다. 『논어』를 읽으면 소인이
농민이나 수공업자를 가리키고 있지 않다는 것이 명백하기 때문이다.

즉 소인은 피지배층을 가리키는 말이 아니다.

㊀ 자 가라사대, 군자는 섬기기 쉽고 기쁘게 하기 어렵다. 그를 기
쁘게 하는 데 도로써 하지 않으면 기뻐하지 않기 때문이다. 그 사
람을 부림에 이르러서는, 이것을 그릇대로 한다. 소인은 섬기기 어
렵고 기쁘게 하기는 쉽다. 그를 기쁘게 하는 데 도로써 하지 않더
라도 기뻐하기 때문이다. 그 사람을 부림에 이르러서는, 갖추고 있
을 것을 구한다.(「자로」)

㊁ 子曰, 君子易事而難說也. 說之不以道, 不說也. 及其使人也,
器之. 小人難事而易說也. 說之雖不以道, 說也. 及其使人也, 求備
焉.

㊂ 군자는 섬기기 쉽다. 왜냐하면 군자는 사람을 부릴 때, 적재적
소에 부리기 때문이다. 그러나 군자를 기쁘게 하기는 어렵다. 왜냐
하면 군자는 도의 〈생명〉을 빛낼 때만 기쁨을 느끼기 때문이다. 이
에 비해, 소인을 섬기기는 어렵다. 왜냐하면 소인은 사람을 부릴
때, 그 사람이 모든 것에 뛰어나기를 요구하기 때문이다. 그러나
소인을 기쁘게 하기는 쉽다. 왜냐하면 소인은 도의 〈생명〉과는 관
계없는 일에도 기뻐하기 때문이다.(오구라)

이 장을 보아도, 소인이 피지배층이 아님을 알 수 있다. 이것은 사람이 군자를 섬길 때와 소인을 섬길 때의 차이점을 서술하고 있기 때문이다. 즉 소인은 통치하는 쪽의 인간인 것이다.

군자와 선

군자는 보편적 도덕을 담당하는 존재가 아니다. 그렇다면 선악의 문제와는 어떠한 관계에 있을까.

⊙ 자공이 물어 가로되, 향인이 모두 그를 칭찬하면 어떻습니까. 자 가라사대, 아직 가하지 않다. 향인이 모두 그를 미워하면 어떻습니까. 자 가라사대, 아직 가하지 않다. 향인의 선한 이는 그를 칭찬하고, 그 선하지 않은 이는 그를 미워함만 못하다.(「자로」)

⊙ 子貢問曰, 鄕人皆好之, 何如. 子曰, 未可也. 鄕人皆惡之, 何如. 子曰, 未可也. 不如鄕人之善者好之, 其不善者惡之.

⊙ 자공이 여쭈었다. "지역 사람 모두가 칭찬하는 경우는 어떻습니까." 선생께서 말씀하셨다. "아직 충분하지 않다." "지역 사람 모두가 미워하는 경우는 어떻습니까." 선생께서 말씀하셨다. "아직 충분하지 않다. 지역 사람 중 선한 이가 칭찬하고 나쁜 이가 미워하는 것에는 미치지 못한다 해야겠지."(가나야, 265~266쪽)

매우 흥미로운 말이다.

마을 사람 모두가 칭찬하는 사람에게는 무언가 거짓이 있을 터이다. 거짓이 있기 때문에 모든 사람의 인기를 얻을 수 있다. 왜냐하면 향인에게도 좋은 사람과 나쁜 사람, 사고방식이나 삶의 방식이 다른 다양한 사람이 있을 텐데, 모든 사람에게 '좋은 사람'이라는 말을 듣는다면, '그이는 사람 좋지' 하고 적당히 평해두면 그만인 인간이라는 말이다. '좋은 사람'이라고밖에 형용할 수 없는 어떤 자인 것이다. 이런 '가짜 도덕자道德者'를 '향원鄕原'이라 한다. 이런 사람은 그저 모든 사람에게 '좋은 사람'일 뿐이므로, 개개의 장면에서 〈생명〉을 빛내는 일은 불가능하다. 인과는 아주 거리가 멀다. 그러므로 '향원은 덕의 적賊'(「양화」)인 것이다.

마을 사람 모두가 미워하는 사람이라면, 어쩌면 그 사람이 '올바른' 것을 말했거나 해서 마을 사람에게 미움을 산 것인지도 모른다. 따라서 바로 이런 사람에게 정의가 있다고 말할 수 있을 것이다. 그러나 그것만으로는 부족하다고 공자는 말한다. 본서의 입장에서 말한다면, '마을 사람 모두가 미워하는' 이 사람이 소인이다. 보편적 가치를 내세우며 '이것이 현대의 진리이다'라고 마을 사람에게 떠들어대지만, 마을 사람의 찬동贊同을 얻지 못하고 모든 사람에게 미움을 받는다. 소인에게 정의가 없는 것은 아니다. 마을의 역사나 문화나 실정에 맞지 않는 '정론正論'이나 일반론을 내세우기 때문에 미움을 받는 것이다. 그런 사람과 마을 사람 사이에서는 〈생명〉은 빛나지 않는다고 공자는 말하고 있다.

공자가 이상으로 여기는 것은 군자이다. 군자란 '향인 가운데 선한 이는 그를 좋아하고, 선하지 않은 이는 그를 미워하는' 사람이다. 이것은 순환논법이 아니다. 즉 마을 사람 중의 선한 사람이 군자이고, 그 군자가 좋아하는 사람이 군자라는 이야기가 아니다.

> ㉞ 자 가라사대, 오직 인자만이 능히 사람을 좋아하고, 능히 사람을 미워한다.(「이인」)
>
> ㉝ 子曰, 唯仁者能好人, 能惡人.
>
> ㉡ 선생께서 말씀하셨다. "오직 인한 사람만이 [사심이 없으므로, 참으로] 사람을 사랑할 수 있고, 사람을 미워할 수도 있다."(가나야, 70~71쪽)

위와 같이 말했으니, 사람을 제대로 미워할 수 있는 이는 인자이다. 그렇다면 '향인 가운데 (중략) 선하지 않은 이는 그를 미워하는' 대상을 높이 평가한다고 했으므로, 공자는 이 '선하지 않은 이'도 또한 인자라고 말하고 있는 것이다. 즉 '선하지 않은 이'는 분명히 '좋지 않은 사람'이지만, 인을 빛내는 것은 가능하다고 말하고 있는 것이다. '미워한다'는 행위에서도 인은 드러난다.

군자에 대해서는, 마을의 좋은 사람은 '좋아한다'는 '인仁'을 빛내고, 마을의 좋지 않은 사람은 '미워한다'는 '인'을 빛낸다고 공자는 말한다. 그러므로 그 대상은 군자인 것이고, 또 마을의 좋은 사람과 좋지 않은 사람 양쪽 다 인자인 것이다.

공자는 선과 불선不善을 절대적 도덕성의 견지에서 말한 것은 아니었다.

군자와 잘못

공자에 따르면, 군자는 왕왕 잘못을 저지르는 인간이다.

이것도 만약 군자가 도덕적 완성자라 생각하면 이해하기 힘들다. 더구나 공자에 따르면, 군자는 잘못을 저질러도 좋다고 하며, 군자는 잘못을 저지른다고 해도 자신의 존엄을 잃지 않는다고 한다. 군자가 만약 도덕적 완성자였다면, 어찌하여 잘못을 저지르는 일이 허용될 것인가.

㉮ 자공이 가로되, 군자의 과실은 일월의 식과 같다. 잘못하면 사람이 모두 그것을 본다, 고치면 사람이 모두 그것을 우러른다.(「자장」)

㉝ 子貢曰, 君子之過也, 如日月之食焉. 過也, 人皆見之, 更也, 人皆仰之.

㉭ 자공이 말했다. "군자의 과실은 일식이나 월식과 같은 것이다. 과실을 저지르면 〔명백히 드러나 있으므로〕 누구나 모두 그것을 보고, 고치면 누구나 모두 그것을 우러른다.(가나야, 388~389쪽)

㉮ 자 가라사대, 사람의 잘못은 각각 그 부류에 있어서 저지른다. 잘못을 보고 곧 인을 안다.(「자장」)

㉝ 子曰, 人之過也, 各於其黨. 觀過斯知仁矣.

㉭ 선생께서 말씀하셨다. "사람은 각각 그 인물의 부류에 따라 잘못을 범한다. 잘못을 보면 인한지 어떤지 알 수 있는 법이다."(가나

야, 74쪽)

'잘못을 보고 곧 인을 안다'는 것은 '잘못을 보면 인한지 어떤지 알수 있는 법'(가나야 오사무)이라는 의미가 아니다.

잘못을 관찰하면, 그 행위가 왜 〈사이의 생명〉을 빛내지 못하고 실패했는지를 이해할 수 있음을 말하는 것이다.

맹자적인 〈범령론〉의 세계관이라면, 위정자 등 남의 위에 서는 이는 우주에 충만한 매질媒質(기氣)의 가장 선한 부분을 수렴하고 있으므로, 그러한 인간이 잘못을 범하는 것은 치명적인 사태이고, 용서할 수 없는 일이다. 우주에 보편적 영성이 충만해 있다고 보는 세계관의 경우, 이런 식으로 상위자의 잘못을 인정하지 않든지(맹자의 경우는 방벌放伐당하게 된다), 혹은 장자莊子처럼 선과 악 양쪽 다 똑같은 매질의 변화에 불과하므로 그 차이에 가치를 따질 만한 의미는 없다는 논리를 펴는 수밖에 없다.

과연 이러한 〈범령론〉의 세계에 **자유**는 존재하는 것일까.

서양으로 치면, 헤겔의 경우에 'Geist(가이스트, 정신=영靈)'에 의한 사회를 구축하려 할 때는 아무래도 자유를 확보하지 않으면 안 되었다. 그때 가장 중요하고 반드시 있어야 할 운동運動이 **부정**否定이었다.

거꾸로 중국의 경우, 맹자든 장자든 '부정이라는 운동'은 극도로 미약했다. 거기에는 기본적으로 긍정밖에 없다. 맹자는 타자를 강하게 부정하지만, 그 이면에는 전적인 자기긍정밖에 없다. 장자는 '무無'나 '허虛' 따위를 말하지만, 그것은 부정이 아니라 '유有'나 '허虛'를 두루 아울러 우주를 전체적으로 긍정하는 운동이었다.

'부정'이 없는 세계에 어떻게 자유가 있을 수 있겠는가. 맹자를 도덕적 자유를 창도한 이라 하고, 장자를 우주적 자유를 누리며 비상한 이라고 말하는 사람들이 있다. 물론 **표면적으로는** 그러한 이해가 맞을 것이다. 그러나 그것은 어디까지나 천박한 생각에 지나지 않는다.

내가 생각하기에, 공자야말로 중국고대에 자유에 관해 가장 래디컬하게 사색한 사람이다. 무엇이 〈생명〉으로서 드러나는가, 그것은 우연성에 바탕을 두고 있기 때문에 예측할 수 없다(예禮를 통해 그 우연성을 조절한다). 무엇을 〈생명〉으로 보는가, 그것은 공동주관에 따라 결정되므로 미리 대답할 수 없다. 〈생명〉이 드러나는 것은 그 자리에 있는 사람들의 감성이나 감각이나 지성의 '차이'에서 일어나는 현상이므로, 모두가 똑같이 되어버리면 〈생명〉은 드러나지 않는다. 따라서 차이는 늘 존중받는다. 또한 군자는 〈생명〉을 빛내는 데 실패할 자유를 지닌다. 왜냐하면 〈사이의 생명〉을 빛내는 것은 매우 어려운 일이기 때문이다. '그것은 〈생명〉이 아니다', '그것도 〈생명〉이 아니다', '그것이야말로 〈생명〉이 아니다', '그것이라 하더라도 〈생명〉이 아니다'……. 공자 학단에서 날마다 행했던 것은 〈생명〉을 빛내기 위한 맹훈련과, 부정否定에 이은 부정의 연속이었다. 거기에서 '자유로서의 인仁'이 드러났던 것이다.

3. 군자의 위기

군자의 위기, 소인의 성공

공자가 말하는 '군자와 소인'에 대해서 대강 이해했으리라 생각한다.

그러나 시대는 글로벌리즘의 기운이 싹트던 때였다. 즉 공자가 말한 '군자의 시대'는 종언을 맞이하고 있었다. 소인들이 함부로 날뛰며 한껏 기세를 떨쳤다.

『논어』는 무엇보다 위기감이 짙게 배어 있는 책이다. 공자는 필사적으로 군자의 시대가 위기를 맞이했다고 외치고 있다.

다음의 말에도 공자의 위기감은 여실하게 드러나 있다.

⊛ 자 가라사대, 군자는 소지小知할 수 없고, 대수大受할 수 있다. 소인은 대수할 수 없고, 소지할 수 있다.(「위령공」)

⊛ 子曰, 君子不可小知, 而可大受也. 小人不可大受, 而可小知也.

이 구절도 실로 다양한 해석이 있다.

가나야 오사무는 "군자는 작은 일에 쓸 수 없지만, 큰일을 맡길 수 있다. 소인은 큰일을 맡길 수 없지만, 작은 일에는 쓸 수 있다"고 번역했다(321쪽). 여기에서는 '지知'를 '용用'의 의미로 해석한 오규 소라이의 설을 취하고 있다. 우노 데쓰토는 "군자는 작은 일을 시켜서는 그 인물 됨을 알 수 없지만, 그에게 큰일을 맡기면 그것을 떠맡을 역량이 있다.

소인은 큰일을 떠맡을 수는 없지만, 작은 일을 시키면 그 인물됨을 알 수 있다"(우노 데쓰토, 앞의 책, 491쪽). 이것은 인물을 관찰하고 평가할 때의 요체를 설명했다고 보는 주자의 신주를 따르고 있다. 가지 노부유키는 "교양인(군자)은 전문적 지식이 충분하지 않다. 그러나 큰일을 감당할 수 있다. 지식인(소인)은 큰일을 감당할 수 없다. 그러나 전문적 지식에 대해서는 뛰어나다"(가지 노부유키, 앞의 책, 371쪽)라고 번역했다.

'지知'라는 글자의 해석은 가지의 설이 좋지 않을까. 고주와 신주는 양쪽 다 '소지'의 '지'를 '다른 사람들이 안다'는 의미로 보았다. 그러나 여기서는 군자나 소인 자신의 '지'의 문제로 파악하는 게 나을 것이다. 다만 가지의 설과는 다르게, 나는 다음과 같이 해석한다. "군자의 지는 규모가 작을 수 없다. 따라서 만능 그릇처럼 무엇이든 담을 수 있다. 그러나 소인은 용도가 정해진 그릇이므로, 담을 수 있는 것이 적다. 따라서 그 지는 규모가 작은 것이라 하더라도 상관없는 것이다."

즉 소인의 '지'를 지배하는 것은 글로벌한 강국을 만든다는 협소한 목적이므로, 그 목적에 인간을 종속시킨다는 측면에서는 힘을 발휘하겠지만, 결국은 그것뿐이다. 효율적으로 '해법'을 찾고 지적 능력을 발휘하겠지만, 그것은 기껏해야 전술적인 '지'일 뿐이다. 군자는 그러한 지와는 거리가 먼 사람이다.

재여宰予라는 인물

재여宰予(이름은 여予; 자는 자아子我, 따라서 '재아宰我'라고도 한다)라는 제자는 당시 일급의 커뮤니케이션 능력을 갖추고 있으면서도 표면상으로는 공자에게 사랑받지 못했던 사내이다.

가장 유명한 에피소드는 재여의 낮잠 사건이다.

㊊ 재여, 낮잠 잤다. 자 가로되, 후목은 새길 수 없고, 분토로 된 담은 칠할 수 없다. 여에 대하여 무엇을 나무라겠는가. 자 가로되, 처음 내가 사람에 대하여, 그 말을 듣고 그 행을 믿었다. 이제 내가 사람에 대하여, 그 말을 듣고 그 행을 본다. 여를 겪고서 이것을 고쳤다.(「공야장」)

㊅ 宰予晝寢. 子曰, 朽木不可雕也, 糞土之牆, 不可杇也. 於予與何誅. 子曰, 始吾於人也, 聽其言而信其行. 今吾於人也, 聽其言而觀其行. 於予與改是.

㊎ 재여가 낮잠을 잤다. 선생이 말했다. "썩은 나무는 조각할 수 없다. 부슬부슬한 흙으로 만든 담은 덧칠할 수 없다. 재여 같은 인간을 나무라서 무얼 하겠는가." 선생은 또 말했다. "나는 이전에 사람을 봄에, 그 말을 들은 것만으로 그 행동을 믿었던 사람이다. 그러나 이제 나는 사람을 봄에, 그 말을 듣는 것만이 아니라 그 행동도 관찰한다. 재여 덕에 그렇게 바뀌었다."(오구라)

재여의 낮잠 사건을 계기로 공자는 인간의 언행이 일치하지 않는다는 사실을 배웠고, 그뒤로는 언행言行 두 가지를 찬찬히 관찰하게 되었다는 이야기이다. 공자의 인간관에 그만큼 중대한 영향을 끼친 사건이니만큼 다양한 해석이 나와 있다.

가장 큰 문제는 재여는 낮잠을 잤을 뿐인데 왜 이렇게 엄청난 질책(욕)을 공자에게 들어야 했느냐는 점이다. 누가 어떻게 보더라도, 공자의 분노는 도를 넘어 보이기 때문이다. 이것에 관해서는 '재여는 대낮부터 여성과 동침하고 있었기 때문이다'(오규 소라이)라든지 '낮이라는 글자(晝)와 그림을 그린다는 글자(畫)가 비슷하기 때문에 잘못 기록된 것으로, 재여는 제 침실에 벽화를 그렸기 때문에 공자가 분노한 것이다'라는 등의 해석이 난립하고 있다.

그러나 그렇지는 않았을 것이다. 재여는 왜 본래부터 공자의 사랑을 얻지 못했을까. 그것은 재여가 자공과 더불어 변설辯舌에 능했기 때문이다. 단순히 말재간이 좋다는 그런 의미가 아니다. 재여는 공자가 '선의인鮮矣仁(인이 드물다)'이라고 평한 '교언巧言의 무리'에 가까웠던 것이다.

그렇다면 공자가 보기에 재여는 '소인'의 범주에 가까운 인간이었다고 추측된다. 『논어』에서 '소인'은 앞 절에서 말했던 것처럼, 단순히 '시시하고 별 볼 일 없는 인간'이나 '하찮은 인간'을 가리키는 것이 아니라, 당시 최신의 보편적 세계관을 손에 넣은(혹은 손에 넣으려 하는) 인간을 가리킨다. 현대의 언어로 말하자면, 일급의 '글로벌 인재'이다. 그들은 나름의 글로벌 인적 네트워크를 구축하여, 밤낮으로 그 네트워크와 접촉

하며 새로운 정보를 확보하고 있었을 것이다. 그리고 그러한 활동은 낮보다 오히려 밤(사람들의 공적 업무가 끝난 뒤)에 벌어지는 경우가 많았으리라. 재여도 밤에 바빴던 인물임이 분명하다. 그래서 낮잠을 잤던 것이다.

그러므로 재여의 낮잠은 우발적인 일이 아니다. 밤에 바빴기 때문에, 아무래도 낮에 피로를 느끼는 일이 많았던 것이다. 공자가 격노한 것은 그저 한두 번 낮잠을 잤기 때문이 아니다. 늘 글로벌한 세력과 교류하면서 변설을 연마하고, 낮동안의 학습에는 열의를 보이지 않는 재여라는 인물을 소인으로 기운 사내라 여기고 규탄했던 것이다.

다만 여기에서 주의해야 할 것은, 공자가 재여의 면전에서 그를 비난하지는 않았다는 점이다. 그렇기는커녕, 다른 제자들에게는 재여를 욕하면서 "재여 같은 인간을 나무라서 무얼 하겠느냐"라면서 재여 본인에 대해서는 아무 말도 하지 않았다.

다음과 같은 사건이 벌어진 때도 마찬가지였다.

㊙ 애공이 사를 재아에게 물었다. 재아가 대답하여 가로되, 하후씨는 소나무로써 했고, 은인은 잣나무로써 했으며, 주인은 밤나무로써 했습니다. 가로되, 백성으로 하여금 전율하게 한 것입니다. 자 이것을 듣고 가라사대, 성사는 말하지 않고, 수사는 간하지 않으며, 기왕은 책망하지 않는다.(「팔일」)

㊙ 哀公問社於宰我. 宰我對曰, 夏后氏以松, 殷人以柏, 周人以栗. 曰, 使民戰栗. 子聞之, 曰, 成事不說, 遂事不諫, 旣往不咎.

㉭ 애공이 〔나무를 영체靈體로 삼는 토지신의 제단인〕 사社에 대하여 재아에게 묻자 재아는 "하나라 군주는 소나무를 썼고, 은나라 사람은 잣나무를 썼고, 주나라 사람은 밤나무를 썼습니다.〔주나라의 밤나무는 사社에서 집행하는 사형을 통해〕 민중을 전율戰慄하게 만들려는 것이었습니다"라고 대답했다. 선생은 그 이야기를 듣고 말씀하셨다. "이루어진 일이니 말하지 않겠고, 해버린 일이니 나무라지 않겠으며, 지난 일이니 책망하지 않겠다.〔앞으로는 그런 실언을 되풀이하지 않도록.〕"(가나야, 64~65쪽)

요컨대 재여(재아)는 애공에게 쓸데없는 말을 한 것이다. 그러나 왜 공자는 이 일을 불문에 부쳤을까. 낮잠 사건에 대한 과도한 비판과는 꽤 대조적으로 보인다. 더구나 왜 '성사불설成事不說, 수사불간遂事不諫, 기왕불구旣往不咎(이루어진 일이니 말하지 않겠고, 해버린 일이니 나무라지 않겠으며, 지난 일이니 책망하지 않겠다)'라고 세 번이나 거듭되는 말로 재여에 대한 조치를 설명해야 했을까. 애초에 애공은 왜 재여에게 질문했을까.

이러한 의문이 꼬리에 꼬리를 물 듯 떠오르는, 매우 알쏭달쏭한 장이다.

기묘한 문답은 더 있다.

㉳ 재아 물어 가로되, 인자는 그에게 고하여, 우물에 인이 있다 한다 하더라도, 그에 따를까요. 자 가라사대, 어찌하여 그러하겠느

냐. 군자는 가게 할 수 있으나, 빠지게 할 수 없다. 기欺할 수 있으나, 망罔할 수 없다.(「옹야」)

㉠ 宰我問曰, 仁者, 雖告之曰, 井有仁焉. 其從之也. 子曰, 何爲其然也. 君子可逝也, 不可陷也. 可欺也, 不可罔也.

㉡ 재아가 여쭈었다. "인한 사람은 우물 속에 인이 있다는 말을 듣더라도, 역시 그것에 따라 들어갑니까." 선생께서 말씀하셨다. "어찌 그런 일이 있겠느냐. 군자는 〔근처까지〕 가게 할 수는 있어도, 〔우물 속까지〕 떨어지게 할 수는 없다. 잠깐 속일 수는 있으나, 언제까지나 속여넘길 수는 없다."(가나야, 121~122쪽)

이 또한 이상야릇한 문답이다. 재여는 일부러 인자나 군자를 우물에 빠뜨리거나 허위나 모략을 써서 속여넘기려 하고 있다. 적어도 그러한 예를 들어 공자에게 질문하고 있다. 이것은 명백히 인자나 군자를 믿는 이들에 대한 발칙한 도전이다. 그런데도 공자는 실로 냉정하고 정중하게 대답하고 있다. 인이나 인자를 깔보고 업신여기는 듯한 말에 곧이곧대로 정직하게 대답하고 있다는 느낌이 든다. 이 또한 낮잠 사건에 대해 공자가 보여준, 이성을 잃은 듯한 반응과는 매우 다르다.

그러나 그런 공자도 재여에게 '불인'이라는 딱지를 명확하게 붙이기에 이른다. 재여의 세계관이 예禮나 인仁과는 완전히 다르다는 점을 다음의 문답에서 공자가 마침내 확실히 인식했기 때문이다.

㉳ 재아가 물었다. 삼년상은 기期로써 이미 오랩니다. 군자가 3년

을 예를 하지 않으면, 예는 반드시 무너질 것입니다. 3년을 악을 하지 않으면, 악은 반드시 무너질 것입니다. 구곡이 이미 다하고 신곡이 이미 올라오며, 수燧를 잘라 불을 고칩니다. 기로써 그만둘 만합니다. 자 가라사대, 저 쌀을 먹고, 저 비단옷을 입는 것이 너에게 편안하냐. 가로되, 편안합니다. 네가 편안하면 곧 그렇게 해라. 대저 군자가 거상할 때, 맛난 것을 먹어도 달지 않고, 악을 들어도 즐겁지 않으며, 거처해도 편치 않다. 그러므로 하지 않는 것이다. 지금 네가 편안하다면 곧 그렇게 해라. 재아가 나갔다. 자 가라사대, 여의 불인함이여. 자식이 태어나 3년, 그런 뒤에 부모의 품을 면한다. 대저 삼년상은 천하의 통상通喪이다. 여는 그 부모에게 3년의 사랑이 있었을까.(「양화」)

㉠ 宰我問, 三年之喪, 期已久矣. 君子三年不爲禮, 禮必壞. 三年不爲樂, 樂必崩. 舊穀旣沒, 新穀旣升, 鑽燧改火, 期可已矣. 子曰, 食夫稻, 衣夫錦, 於女安乎. 曰, 安. 女安, 則爲之. 夫君子之居喪, 食旨不甘, 聞樂不樂, 居處不安, 故不爲也. 今女安, 則爲之. 宰我出. 子曰, 予之不仁也. 子生三年, 然後免於父母之懷. 夫三年之喪, 天下之通喪也. 予也有三年之愛於其父母乎.

㉡ 재아가 여쭈었다. "삼년상은 1년만으로도 충분히 깁니다. 군자가 3년이나 예를 닦지 않으면, 예는 필경 무너질 것입니다. 3년이나 음악을 닦지 않는다면, 음악은 필경 못쓰게 될 것입니다. 묵은 곡물이 바닥나고 새 곡물이 열매를 맺으며, 불붙이는 나무를 비벼 불을 새로 지핍니다(그렇듯이, 1년마다 한 바퀴 순환되므로), 1년

만 하고 그만두어도 좋지 않겠습니까." 선생께서 말씀하셨다. "(부모가 죽고 나서 3년이 지나지 않았는데) 쌀을 먹고 비단옷을 입어도 너는 아무렇지 않겠느냐." "아무렇지도 않습니다." "네가 아무렇지도 않다면 그렇게 해라. 대저 군자가 복상할 때는 맛난 것을 먹어도 맛있지 않고, 음악을 들어도 즐겁지 않으며, 집에 있어도 편치가 않아서, 그래서 그리하지 않는 것이다. 하지만 네가 아무렇지도 않다면 그렇게 해라." 재아가 물러가자 선생께서 말씀하셨다. "여(재아)는 인하지 않구나. 자식은 태어나고 3년이 지나야 겨우 부모의 품에서 벗어난다. 삼년상은 (그것을 고려해서 정한 것으로) 세상사람 모두가 행하는 상례이다. 재여도 제 부모에게 3년 동안 사랑을 받았을 터인데."(가나야, 357~359쪽)

이때에도 역시 공자는 재여를 면전에서 비판하지 않았다. '불인'이라 말한 것도 재여가 물러난 뒤에 그 자리에 남아 있던 제자들에게 한 말이다.

공자는 왜 줄곧 재여에게 이렇듯 이해할 수 없는 태도를 취한 것일까. 다음과 같은 이유를 고려해볼 수 있겠다.

①재여가 너무 변설이 좋아서, 공자가 면전에서 재여를 비판하더라도 거꾸로 재여의 교묘한 논리에 휘말려버릴 가능성이 높았기 때문이다.
②재여에 관해서는 이미 교화하기를 단념하고 있었기 때문이다.
③재여에 대해서는 그다지 강한 태도를 취할 수 없는, 공자와 재여

두 사람 사이에 무언가 사정이 있었기 때문이다.

나는 ③이 아닐까 싶다. 공자는 재여를 몹시 못마땅하게 여겼고, 재여의 언행 모든 것이 마음에 들지 않았을 것이다. 공자가 보기에 불인한 재아가 자신의 제자로 있다는 사실 자체가 불쾌했을지도 모른다. 그런데 왜 공자는 줄곧 재아에게 모호한 태도를 취했을까. 공자와 재여 사이에 모종의 특별하고 미묘한 사연이 있었기 때문이 아닐까.

재여는 공자 학단에 속한 자로서는 생각할 수 없을 것 같은 질문을 하거나 낮잠을 자거나 해서 어지간히 얼빠진 인물로 희화화되기도 하지만, 실은 그러한 인물이 아니다. "언어는 재아·자공"(「선진」)이라고 공자가 평했듯이, 탁월한 커뮤니케이션 능력을 지닌 일급의 인물이었다(자공보다 앞서 거론하고 있는 것에 주목. 나중에 자공의 제자들이 그것을 불만스럽게 여겼고, 그래서 재여를 나쁘게 평가하는 데 영향을 끼쳤다는 설도 있다). 그의 사상 또한 매우 합리적이고 전술적이다.

이러한 재여는 강대한 국가를 세우려는 세력과 어떤 식으로든 긴밀하게 연결되어 있었을 게 분명하다. '탁월한 변설'은 당시에 권력자들이 가장 높이 치는 능력이었기 때문이다.

그리고 공자는 재여라는 사내 자체는 불만족스러웠지만, 자신의 취직 문제를 포함하여 무언가 친밀한 관계를 구축하고 있었는지도 모른다.

이렇게 생각하면, 상궤를 벗어난 것처럼 보이는 재여의 언행에 대해 공자가 면전에서 아무런 비난도 못하고, 오히려 재여가 자리에 없을 때

제자들에게 재여를 비난하는 말을 한 것을 깊이 새겨보면, 왠지 **부자연스러운** 느낌이 든다. 공자는 실은 재여에 대해서 진짜로 화를 내지는 않고, 다른 제자들에게 '재여를 비난하는 포즈'를 취해 보였을 뿐이라고 볼 수도 있는 것이다.

재여는 나중에 제나라 임치臨菑의 대부가 된다. 아마도 그곳에서 소인다운 글로벌한 가치를 실천하려고 노력했을 것이다. 그러나 그의 시도는 중도에 비참하게 좌절되었다. 재여는 제나라 간공簡公과 손을 잡고 참신僭臣 진성상陳成常(전상田常)에 대항했었는데, 조정 안에서 암살당했다고 한다. 더구나 가족까지 죽임을 당하여, 공자는 그것을 부끄럽게 여겼다(사마천, 「중니제자열전」). 재여·간공과의 싸움에서 승리한 전상은 그뒤 제나라의 실권을 장악하고 영화를 누렸다. 이러한 시대상황이 있었기 때문에 『논어』에 수록된 에피소드에서 재여를 나쁘게 묘사하고 있는 것이라고 와타나베 다카시는 말하고 있다. 더구나 앞에서 언급한 하·은·주의 예에 대한 이야기와 삼년상 이야기는 전국시대에 나온 것이기 때문에 공자 시대의 에피소드는 아니다. 따라서 이것은 실화가 아니라고 와타나베는 말한다. 또한 앞에서 언급한 것처럼, 자공학파와의 불화도 재여를 나쁘게 묘사한 원인이 되었다고 와타나베는 지적한다(와타나베 다카시, 『고대중국사상연구』, 소분샤, 1973, 198쪽).

아무튼 재여는 공자의 비밀스러운 부분을 담당하는 인물이었다. 『맹자』 「공손추 상」에, 재여가 공자를 평하여, "내가 보건대, 선생은 요순보다 훨씬 훌륭하다(以子觀於夫子, 賢於堯舜遠矣)"고 말했다는 기록이 있다. 자공도 또한 "인류가 탄생한 이래, 아직 선생 같은 사람은 없었다

(自生民以來, 未有夫子也)"고 공자를 절찬했고, 유약有若(약若은 유자有子의 이름)은 한술 더 떠, "인류가 생긴 뒤의 성인 가운데 공자만큼 굉장한 사람은 없었다(自生民以來, 未有盛於孔子也)"고 더욱 절찬하고 있다. 그 절찬하는 수사는 골계미가 느껴질 만큼 스케일이 크다.

이것은 공자가 죽은 뒤 재여나 자공이나 유약 등이 글로벌한 무대에서 공자를 성인화하는 프로젝트를 저마다 추진했음을 보여준다. 그때 재여·자공·유약의 탁월한 변론술이 매우 유효하게 작동했던 것이다. 그러나 이것은 공자가 죽은 뒤에 시작된 일은 아니다. 공자가 살아 있을 때도 공자의 훌륭함을 여러 나라에서 권력자들에게 선전하여 공자의 취업을 돕거나 공자가 곤경에 처했을 때 구해주거나 했다.

그 선봉에 선 재여는 공자가 보기에 소인적이기는 하지만 없어서는 안 될 제자로서, 양면적 가치를 지닌 평가대상이었던 것이다.

제5장

공자의 세계관

1. 인과 예

예는 마술인가

공자는 왜 예를 그렇게 중시했던 것일까.

허버트 핑가레트에 따르면, 그것은 마술(magic)이기 때문이다. 그의 말을 들어보자.

진지하고 명백히 비종교적인 도학자풍의 윤리 사이에, 『논어』에는 마술적 힘을 매우 중요한 것이라 믿고 있음을 넌지시 보여주는 대목이 여기저기 눈에 띈다. 여기에서 '마술'이라는 말은 특정한 인물이 의례나 몸가짐이나 주문을 통해, 직접적이고 손쉽게 자기가 이루려고 하는 일을 실현하는 힘을 의미한다. 마술을 쓰는 이는 목적을 달성하기 위해 계획을 세우거나 책략을 부리지 않으며, 강요하거나 물리적인 힘을 동원하지 않는다. 그는 목적을 위해 준비된 의례 안에서, 몸가짐이나 말을 통해서만 목적을 이루려 할 뿐이다. 그것 이외에는 아무것도 하지 않으면서도 목적을 이룬다. 이 과정에서 어떤 근원적이고 마술적인 힘이 중심적 역할을 해내고 있다. 공자의 말에는 때때로 그러한 것을 뜻하는 것으로 보이는 데가 있다.(허버트 핑가레트, 앞의 책, 27~28쪽)

핑가레트의 말은, 스스로를 도학자와 동일시하는 유형의 유교연구자들 사이에서는 당연히 평판이 나쁘다. '마술(magic)'이라는 말 때문이다. 본래 서양의 학자들 중에서는 동양의 '종교'나 '철학'을 '마술'로 파악하려는 경향이 현저했다. 막스 베버는 그 전형이다. 도학자적 경향을 지닌 근대 동아시아의 유교연구자는 유교를 훌륭한 도덕철학이라 생각하기 때문에 마술이라는 말에 특히 거부감을 느낀다.

그것만이 아니다. 『논어』의 내용에 입각해서 보더라도, 공자는 '행行', 즉 행위·행동의 중요성과 곤란함을 거듭거듭 말하고 있기 때문에, 단순히 심령술 같은 것을 과시하는 사람이 결코 아니다.

그래서 핑가레트에 대해서는 오해가 포함된 비판도 많다. 그러나 핑가레트가 말하는 '마술'에 가까워 보이는 것을 공자가 말하고 있는 것 또한 사실이다.

다만 이것을 '마술'과 동일시하는 것에 대해서는 나도 비판적인 입장이다.

왜냐하면 마술이라는 것은 '마술을 부리는 사람(혹은 마녀 따위 사람이 아닌 자)이 완전한 주체가 되고, 마술에 홀리는 사람이 완전한 객체가 되는' 관계 아래에서 성립되기 때문이다. 객체는 무언가 방책을 강구하지 않는 한, 주체의 의도에서 벗어날 수 없다.

그러나 공자의 세계관은 그렇지 않다. 예든 인이든, 그것을 명령하는 주체 쪽에만 절대적인 생명력이 갖추어져 있는 것은 아니기 때문이다. 예禮에 따르면, 마치 인간이 자동기계처럼 움직이는 일이 있다. 그러나 그것도 명령하는 자의 일방적 강제 때문에 그렇게 움직이는 것은 아니다. '예'라는 실천의 자리에서 공동주체적으로 그 자리에 참가한 이들이 움직이고 있는 것이다.

또한 그것은 초월적인 신 같은 존재가 움직이고 있는 것도 아니다. '하늘(天)'이라는 존재가 상정되어 있는 것은 분명하지만, 공자의 마음속에 하늘의 초월성 같은 관념은 한없이 희박하다. '예는 천리天理의 절문節文' 운운하며 예의 체계를 하늘의 절대성과 결부시키게 된 것은 공자보다 훨씬 후대에 생긴 현상이다.

공자가 중요하게 여긴 것은 예를 행하는 자리에 모인 모든 사람들이 사람과 사람 사이에서 상하의 질서와 수평적 유대감을 느끼면서, 자기의 의식과 의사가 다른 사람의 의식과 의사에 스며들어 서로 교감하는 화기애애한 공간이었다.

그 공간의 바깥에서 보면, 확실히 사람들이 마술에 지배당하여 움직이고 있는 것처럼 보일지도 모른다. 그러나 그것은 밖에서 온 강제력이 아니다. 또한 참가자 내면에서 전적으로 나오는 것도 아니다. 예가 베풀어지는 자리에 함께하는 참가자들 〈사이〉에서 예의 힘이 탄생하고 작동하는 것이다.

핑가레트는 이렇게도 말한다. "공자가 말하려 했던 신성한 의식은, 본래의 좁은 의미에서는 인간의 세속적 생활에서 유리된 영靈을 위로하는 따위의 신비적인 것은 전혀 아니라는 점이다. '영'은 더이상 의식에 지배당하는 외재적 존재가 아니다. 의식 **안에서** 표현되고, 의식 **안에서** 활성화되는 것이 영이다. 그리고 공적인 성격을 띤 거룩한 의식은 인간의 영역에서 다른 초월적 영역으로 사람들의 관심을 돌리는 것이 아니라, 참된 인간의 온 존재의 한 국면으로서 존재하는 '거룩한 것'을 표현하고, 거기에 직접 관련된 중심적 상징으로 여겨져야 한다"(앞의 책, 48~49쪽, 강조는 원문에 따른 것임).

즉 '예'는 샤머니즘적 귀신을 제사하는 것이 아니다. 예는 귀신을 다루는 것이 아니라, 인간세계 안에 존재하는 영적인 것을 드러내는 것이다.

이것은 예에 관한 거의 완벽한 설명일 것이다. 다만 내식으로 말한다면, 예에서 드러나는 것은 영(spirit)이 아니라 혼(soul)이다. 영은 〈범령론〉적인 〈생명=제2의 생명〉이고, 혼은 〈애니미즘〉적인 〈생명=제3의 생명〉이라고 나는 분류한다.

핑가레트는 '의례儀禮에는 생명生命이 있다'고 말한다(앞의 책, 38쪽). 이것도 중요한 지적인데, 본서에서 말하는 내 생각과 일치한다.

예의 유동성流動性과 인

예에 대한 공자의 이러한 사고방식은 당연히 예와 인을 '하나인 것의 표리일체表裏一體'로 여기는 생각을 낳는다. 이것은 공자 이전의 예에 대한 생각과는 다른 점이고, 공자의 예가 참으로 새롭다고 말할 수 있는 지점은 이 부분이다.

와타나베 다카시는 이것을 가리켜 공자의 예는 '유동적'이라고 표현했다(와타나베 다카시, 앞의 책, 253쪽). 예의 형식적으로 고정된 측면보다 예를 좀더 자유롭게 해석하려는 경향이다.

왜 형식形式이 아니라 유동流動인가. 예의 형식에 얽매이면 인이라는

〈사이의 생명〉이 드러나지 않기 때문이다.

이렇게 생각하면, 다음과 같은 묘사는 본래의 공자 모습과는 다른 것임을 알 수 있다.

안회(안연)가 죽었을 때, 그의 부친 안로顏路가 공자에게 간곡히 바람을 말했지만, 공자는 실로 냉혹하게 그의 바람을 내쳤다. 그 이유가 또 너무나 엄숙해서, 딱딱하고 쩨쩨하며 역겹기 그지없다.

㊅ 안연이 죽었다. 안로가 자의 수레를 가지고 곽을 만들자고 청했다. 자 가라사대, 재든 부재든 또한 각각 제 자식이라 말한다. 리가 죽었을 때, 관이 있고 곽은 없었다. 내가 도행함으로써 곽을 만들지 않았다. 내가 대부의 뒤를 따름으로써 도행할 수 없었기 때문이다.(「선진」)

㊅ 顏淵死. 顏路請子之車以爲之槨. 子曰, 才不才, 亦各言其子也. 鯉也死, 有棺而無槨. 吾不徒行以爲之槨. 以吾從大夫之後, 不可徒行也.

㊈ 안연이 죽었다. 부친 안로는 선생의 수레를 처분하여 곽槨(관을 담는 나무상자, 덧널)을 만들기를 바랐다. 선생께서 말씀하셨다. "재능이 있든 재능이 없든, 역시 제 자식이긴 마찬가지다. 〔부모의 정은 다를 게 없다. 내 아들〕리가 죽었을 때도 관은 있었지만 곽은 없었다. 하지만 나는 도보로 걷는 걸 감수하면서까지(내 수레를 처분하면서까지) 곽을 만들지는 않았다. 나도 대부의 말석에 붙어 있는 이상 도보로 걸어다닐 수는 없기 때문이다."(가나야,

205~206쪽)

여기에 묘사된 공자는 얼마나 시시하고 별 볼 일 없는 사내인가. 이 장을 읽고 '과연 공자는 정보다 예를 앞세우는 훌륭한 성인이었다'고 생각한다면 『논어』를 모르는 사람이다.

또한 안회가 죽었을 때 공자는 제자들의 태도도 우롱하고 있다. 제자들이 안회의 장례를 후하게 치르려 하자, 공자는 그렇게 하지 말라고 했다. 하지만 제자들은 공자의 말을 듣지 않고 후하게 장례를 치렀다. 그것에 대해 공자는 쓸데없는 잔소리를 늘어놓았다.

㊜ 안연이 죽었다. 문인들이 후하게 장사지내고자 하였다. 자 가라사대, 불가하다. 문인들이 후하게 장사지냈다. 자 가라사대, 회는 나를 보기를 아비와 같이 하였다. 나는 보기를 자식처럼 함을 얻지 못했다. 내가 아니다, 저 이삼자이다.(「선진」)

㊝ 顔淵死, 門人欲厚葬之. 子曰, 不可. 門人厚葬之. 子曰, 回也視予猶父也, 予不得視猶子也. 非我也, 夫二三子也.

㊎ 안연이 죽었다. 문인들은 후하게 장례식을 치르고 싶어했다. 선생께서는 '그러지 말라'고 말씀하셨지만, 문인들은 후하게 장례를 치렀다. 선생께서 말씀하셨다. "회는 나를 아비처럼 여겼는데, 나는 자식처럼 해주지 못했다. 내가 〔한 일이〕 아니다, 자네들이 한 것이다."(가나야, 207~208쪽)

와타나베 다카시는 이 두 장은 공자의 모습 자체가 아니라, '예지상주의禮至上主義'인 순자 계통이 『논어』 편찬과정에서 꾸며넣은 것이라 추정했다(와타나베 다카시, 앞의 책, 256쪽). 나도 그렇게 본다.

〈제3의 생명〉과 정치

공자에게 정치란 실제로 정치적 행위를 하는 것만이 아니었다.

㊟ 혹자가 공자에게 일러 가로되, 자 어찌 정을 하지 않는가. 자 가라사대, 서에 이르기를, 효재 유효, 형제에 우애하여, 유정에 베푼다고. 이 또한 정을 하는 것이다. 어찌 그 정을 하는 것을 하겠는가.(「위정」)

㊅ 或謂孔子曰, 子奚不爲政. 子曰, 書云, 孝乎惟孝, 友于兄弟, 施於有政. 是亦爲政, 奚其爲爲政.

㊈ 어떤 이가 공자에게 말했다. "선생은 어째서 정치를 하시지 않습니까." 선생께서 말씀하셨다. "『서경』에 '효행이여, 아아 효행이여. 그리고 형제와 서로 사이가 좋다'는 말이 있다. 정치라는 것에 영향을 끼친다면, 그것도 역시 정치를 하고 있는 것이다. 굳이 일부러 정치를 해야 할 것도 없겠지."(가나야, 47쪽)

공자가 생각하는 정치는 무엇보다 〈제3의 생명〉을 빛내는 것을 최고의 목적으로 삼는다.

따라서 현대의 관점에서 보면, 공자의 정치관은 꽤 이상하다.

그것을 괜스레 '공자는 성인이었기 때문에 그의 정치론도 도덕적인 게 분명해. 민중을 소중히 여기고, 민주주의적인 정치를 지향했던 게 분명하다'는 식으로 이해하는 것은 잘못이다. 공자의 정치론은 현재 우리가 생각하는 '**도덕적인**' 것이 아니었기 때문이다. 또한 거꾸로 예전에 흔히 그랬듯 '공자는 봉건적인 억압정치의 화신이었으니까, 그의 명교적 名教的 정치론은 하나부터 열까지 봉건적이고 억압적이었을 게 분명하다'는 인식도 잘못이다. 공자는 근대인이 **봉건적**이라고 생각하는 유형의 인물은 아니었기 때문이다.

공자 정치론의 요체는 앞서 말했듯이 〈제3의 생명〉을 빛내는 것'이다. 무슨 말인가 하면, 〈제3의 생명〉을 위해서는 〈제1의 생명〉 즉 인간의 육체적·생물학적 생명은 희생을 강요당해도 어쩔 수 없는 것이었다.

다음은 인간에 대한 것은 아니지만, 희생되는 동물에 대한 언급이다.

㉙ 자공이 고삭의 희양을 없애고자 하였다. 자 가라사대, 사야, 너는 그 양을 아낀다, 나는 그 예를 아낀다.(「팔일」)

㉝ 子貢欲去告朔之餼羊. 子曰, 賜也! 爾愛其羊, 我愛其禮.

㉎ 자공이 〔달마다 초하루를 종묘에 보고하는〕 고삭의 예〔가 노나라에서 실제로는 행해지지 않는데, 양만 제물로 바치고 있는 것을 보고, 그 희생제물〕로 양을 바치는 것을 그만두려 했다. 선생께서 말씀하셨다. "사야, 너는 그 양을 아까워하지만, 나는 그 예가 아깝다.〔양을 바치는 일만이라도 계속된다면 또 예가 부활할 때도 있을

것이다.]"(가나야, 62쪽)

즉 희생양의 육체적 생명(〈제1의 생명〉)보다 예를 집행할 때 공동체에 넘쳐흐르는 눈에 보이지 않는 〈제3의 생명〉이 중요하다고 공자는 말하고 있는 것이다. 이것은 맹자가 희생제물로 쓰이는 소나 양의 육체적 생명에까지 애정을 갖는 것의 중요성을 말하는 것(『맹자』「양혜왕 상」)과는 전혀 다른 생명관이다.

공자는 인간의 생명에 대해서도 다음과 같이 말한다.

㉻ 자 가라사대, 선인이 백성을 가르치기를 7년, 또한 써 융에 나가게 할 만하다.(「자로」)

㉠ 子曰, 善人教民七年, 亦可以卽戎矣.

㉡ 선생께서 말씀하셨다. "[성인이 아니라] 선인이더라도 인민을 7년이나 교육했다면, 전쟁에 나가게 할 수 있다."(가나야, 268쪽)

즉 전쟁을 긍정하는 것이다.

물론 공자가 백성의 육체적 생명을 중요하게 여기지 않은 것은 아니다. '사람을 사랑한다(愛人)'고 말할 경우에는 대개 '사람을 아낀다, 소중하게 여긴다, 자애롭다'는 의미이고, 구체적으로는 민중의 육체적 생명이 마모되지 않게 배려하는 것이다. 다만 그것은 '사람을 사랑할' 때 '인이라는 〈사이의 생명〉이 드러나기' 때문이다. 공자에게는 〈제1의 생명〉을 보전하기 위해 〈제3의 생명〉이 필요한 것이 아니다. 그 반대이다.

〈제1의 생명〉을 보전하는 것이 〈제3의 생명〉을 빛내기 위한 조건이 되는 것이다.

　공자의 이러한 생각은 잘못된 것일까. 예를 들어 맹자와 비교해서 어떻게 생각하면 좋은 것일까. 맹자는 "백성을 귀하게 여기고, 사직을 그 다음으로 여기며, 군주를 가볍게 여긴다(民爲貴, 社稷次之, 君爲輕)"(『맹자』「진심 하」)고 말하여, '민본주의'를 외쳤다고 여겨진다. 반면에 공자에게는 그러한 사상이 없다. 이 점을 근거삼아 공자보다 맹자가 민중을 소중하게 여겼다는 평가가 정착되었다. 확실히 그렇다. 공자에게는 '민본民本' 사상이 없다.

　하지만 다른 생각도 성립될 수 있다. 맹자는 고대중국에 있어서 '생명권력(biopower)'의 원형을 만들었다고도 생각할 수 있다. '생명권력'이란 근대 이전의 '국민이나 영주민에게 죽음을 내리거나 그렇게 할 수 있다는 공포감을 조성하는 통치권력'이 아니라, 근대 이후에 생겨난 '국민이나 영주민의 생물학적 생명을 통제하고, 보전하고, 규율화하고, 규범화하고, 건강하게 함으로써 통치의 질과 강도를 높이는 권력'을 가리킨다. 근본적으로, 근대 이후의 국민은 '생명권력'의 통제와 지배에서 벗어날 수 없었다. 제 육체적 생명을 보전하는 통치권력 대신에 그것을 파괴하는 통치권력을 좋아하거나 선택할 국민은 적을 것이기 때문이다.

　고대중국에서 본래 통치권력은 백성의 육체적 생명에 대해 생살여탈권을 쥐고 있었다. 그러나 이윽고 노동에 가치가 생겨나면서, 노동하는 인간(民)에 대한 평가가 바뀌었다. 백성의 육체적 생명을 중요하게 다루는 편이 권력을 강대하게 만들 수 있다는 사실을 통치자가 알아차린 것이다.

맹자는 양혜왕梁惠王에게 '이익을 위한 정치가 아니라 인의의 정치를 베풀라'고 말했다. 그렇게 하면 **이 세상 최대의 권력을 손에 넣을 수 있다**는 것이다. 그리고 매우 구체적으로 다음과 같은 방안을 제시했다. 세대마다 일정한 면적의 전지田地와 택지를 주고, 누에를 치게 하여 쉰 넘은 노인이 따뜻한 비단옷을 입고, 닭·새끼돼지·식용개·암돼지 따위를 기르게 하여 일흔 넘은 노인이 고기를 먹을 수 있게 한다. 또한 학교 교육을 제대로 시켜 효제孝悌의 도덕을 철저히 지키게 한다. **이렇게 하면 그 왕 아래에 천하의 백성이 모여든다**는 것이다(『맹자』「양혜왕 상」).

이것이야말로 고대 생명정치(biopolitics)의 원형일 것이다(물론 근대 정치하고는 크게 다르겠지만). 누구라도 육체적 생명을 보전해줄 권력에 통치당하기를 바란다. 그리하여 그 권력은 비대해지고 강대해진다. 그것은 백성이 바라는 권력이므로, 그 권력에서 도망쳐나가기는 매우 어렵다.

그때 '생명정치'에서 도망칠 수 있는 거의 유일한 길은 '생명이란 육체적 생명 즉 〈제1의 생명〉만 있는 것이 아니다'라는 사고에 의지하는 것이리라. 생명의 정의定義가 통치자와 동일할 때, 그리고 통치자와 피통치자 양쪽 다 생명의 보전을 바랄 때, 거기에서 비뚤어진 공범관계가 성립될 것이다. 그것을 파괴하는 것은, 공자처럼 〈제1의 생명〉만이 아니라 〈제3의 생명〉도 생명이다'라고 사고하는 일이다. 이런 의미에서 말한다면, 공자는 궁극의 반체제사상을 소유한 이였다.

2. 지각상知覺像 지상주의至上主義

매질媒質이 없다

예에 따라 사람을 움직일 때, 사람과 사람 사이에는 어떠한 매질도 없다.

이것이 공자의 철학이었다.

주체와 객체의 사이, 사람과 사람의 사이, 사람과 사물의 사이에 어떤 공통되는 매질은 없다. 이것이야말로 〈제3의 생명〉의 핵심이다.

〈제2의 생명〉은 매질을 전제한다. '기氣'라는 것이, 존재하는 모든 것에 공통되는 매질이다. 그것이 〈제2의 생명〉과 〈제3의 생명〉의 차이점이다.

다음 장에서 자세히 서술하겠지만, 공자가 가장 중요하게 여긴 것은 지각상知覺像이다.

사람과 사람, 사람과 사물 사이에 공통되는 매질이 없을 때, 어떻게 사람은 감동하고 반응할 수 있는 것일까. '기' 같은 매질이 있다면, 그 파동을 통해서 사람과 사람, 사람과 사물 사이에 운동이 일어난다. 그러나 공자의 세계관에는 '기'가 존재하지 않는다.

공자가 보기에 감성을 움직이고 있는 것은 지각상이었다. 보고 듣고 냄새 맡고 맛보고 만지는 오감五感을 통해, 사람과 사람 사이, 사람과 사물 사이에 생기는 지각상이야말로 〈생명〉이 드러나는 자리였던 것이다.

〈생명〉을 나타내는 언어

『논어』에는 공자 학단이 〈생명〉이라 느낀 사·물事物에 대해 형용하는 말이 곳곳에 많이 흩뿌려져 있다. 은은여闇闇如, 행행여行行如, 간간여侃侃如, 순순여恂恂如, 축적여蹙踖如, 여여여與與如, 신신여申申如, 요요여天天如 등등. 그것은 의태어에 가까운 형용사인데, 공자 학단에서 사·물이 드러내는 〈생명〉의 분위기를 얼마나 중요하게 여겼는지를 잘 알 수 있다.

> 훈 자 가라사대, 주는 2대에 비추어보아 욱욱호하게 빛나는구나. 나는 주에 따르리라.(「팔일」)
>
> 원 子曰, 周監於二代, 郁郁乎文哉. 吾從周.
>
> 역 선생께서 말씀하셨다. "주나라〔의 문화〕는 하나라와 은나라 2대를 참고하여, 참으로 화려하고 훌륭하구나. 나는 주나라를 따르겠다."(가나야, 60쪽)

'욱욱호'라는 말은 훌륭하고 당당하여 〈생명〉이 빛나는 상태를 가리킨다.

이처럼 군자공동체에서 가장 중요한 것은 〈생명〉이 드러나는 것을 표현하는 말이었다.

이것을 보여주는 흥미로운 문장이 『논어』에 있다.

ⓗ 증자가 병이 있었다. 맹경자가 문병했다. 증자가 말하여 가로
되, 새가 장차 죽으려 함에, 그 울음이 슬픕니다. 사람이 장차 죽으
려 함에, 그 말하는 것이 선합니다. 군자가 도에서 귀하게 여기는
바의 것은 세 가지입니다. 용모를 움직임은 곧 포만을 멀리합니다.
안색을 바로잡음은 곧 신에 가깝게 합니다. 사기를 냄은 곧 비배를
멀리합니다. 변두지사는 곧 유사가 있습니다.(「태백」)

ⓦ 曾子有疾, 孟敬子問之. 曾子言曰, 鳥之將死, 其鳴也哀. 人之
將死, 其言也善. 君子所貴乎道者三, 動容貌, 斯遠暴慢矣. 正顔色,
斯近信矣. 出辭氣, 斯遠鄙倍矣. 籩豆之事, 則有司存.

ⓔ 증자가 병에 걸렸을 때, 맹경자가 문병을 왔다. 증자는 입을 열
어 말했다. "새가 죽을 때는 그 울음소리가 구슬프고, 사람이 죽을
때는 그 말이 훌륭합니다. 〔임종을 앞둔 제 말을 부디 들어주십시
오.〕 군자가 예에 관하여 귀하게 여기는 것 세 가지가 있습니다. 행
동을 할 때는 거칠고 방자함을 멀리합니다. 안색을 정돈할 때는 성
실함에 가깝게 합니다. 말을 입에 올릴 때는 저급하고 천박한 것을
멀리합니다. 〔이 세 가지는 예에서 중요한 것입니다.〕 제사 공물을
담는 기물 따위에 관한 일은 담당관이 있습니다. 〔군자가 존중할
만한 예는 아닙니다.〕"(가나야, 153~154쪽)

읽으면 읽을수록 이상한 느낌이 드는 장이다. 증자가 병에 걸렸다.
아마도 거의 죽음을 앞두고 있는 상태인 듯하다. 거기에 맹경자가 찾아
왔다. 증자가 맹경자에게 하는 말이 기묘하다.

나와 마찬가지로 이것을 '기묘하다'고 느낀 미야자키 이치사다의 말을 들어보자.

논어의 이 대목을 읽고 내가 의문스럽게 여기는 것은 증자가 임종의 자리, 거의 죽을 지경에 이르렀을 때, 마지막 남기는 말로 '새가 장차 죽으려 함에, 그 울음이 슬프다. 사람이 장차 죽으려 함에, 그 말하는 것이 선하다' 같은 기운찬 말을 했다면, 그 아래 문장은 그것을 강렬한 말로 받아내야 한다고 생각합니다. /매우 강력한 문장으로 시작되었지만, 그뒤에 '군자가 도에서 귀하게 여기는 바는 세 가지가 있는데, 몸가짐은 이렇게 해라, 안색 표정은 이렇게 해라, 말은 이렇게 해라', 이런 이야기라면 언제라도 할 수 있는 것이고, 또한 평소에도 말했을 게 분명하다. 위 세 가지는 생활의 지혜라고 할 만한 것들로, 새삼스레 말할 필요가 없는 것들이다./ 임종의 자리에서 마지막 부탁이니 들어달라고 말할 때 한 말치고는 맥 빠지는 느낌이 듭니다. 저는 다음에 오는 말은 좀더 강한 말, 위 문장에 상응할 만한 강렬한 의미가 담긴 문구여야 한다고 생각합니다.(미야자키 이치사다, 『논어의 새로운 독법』, 55쪽)

이렇게 생각한 미야자키는 '군자……' 이하를 다음과 같이 읽는다. 그러니까 이 말은 증자가 맹경자에게 평소에 하지 못했던 충고였는데, 오만한 맹경자는 평소에 이런 충고를 들었다면 반발했을 터이지만, 죽음을 앞둔 증자가 말했기 때문에 흠칫하며 제 몸을 돌아볼 수 있었다는 것이다.

그렇게 읽을 수도 있을 것이다. 하지만 나는 그렇게 읽는 것도 여전히 이상하다고 생각한다. '군자……' 이하의 말은 죽음을 앞둔 인간이 한 말치고는 막다른 지경에 이르러 다급해하는 현장감이 없고 매우 조리 있고 짜임새가 있기 때문이다.

내 방식으로 읽으면 다음과 같다. 이 장은 '증자가 병이 들었다. 맹경자가 문병했다. 증자가 말하여 가로되, 새가 장차 죽으려 함에, 그 울음이 슬프다. 사람이 장차 죽으려 함에, 그 말하는 것이 선하다'에서 끝난다. '군자……' 이하는 별도의 장이었는데, '그 말이 선하다' 뒤에 덧붙여버린 것이다.

왜 덧붙였는가. 증자가 죽음을 앞둔 상태에서 맹경자가 찾아왔는데, 증자가 숨이 끊어질락 말락 하며 한 말이 '새가 장차 죽으려 함에, 그 울음이 슬프다. 사람이 장차 죽으려 함에, 그 말하는 것이 선하다'는 것뿐이었고, 이러한 사태의 의미를 후세의 비非〈소울리즘〉 성향을 띤 이들은 이해할 수 없었기 때문이다. 그래서 '군자가 도에서 귀하게 여기는 바의 것은 세 가지가 있다'라는, 전혀 다른 상황에서 기록된 말을 여기에 덧붙였던 것이다. '새가 장차 죽으려 함에, 그 울음이 슬프다. 사람이 장차 죽으려 함에, 그 말하는 것이 선하다'는 말은 〈소울리즘〉적으로 말한다면, 매우 중요한 말이다. 그것만으로 충분히 독립된 한 장을 이룰 수 있을 만큼 〈생명〉이 빛나고 있는 말이다.

또한 '변두지사籩豆之事, 즉유사존則有司存'을 가나야 오사무는 "제사 공물을 담는 기물器物 따위에 관한 일은 담당관이 있습니다〔군자가 존중할 만한 예는 아닙니다)"라고 번역했는데, 〔 〕의 내용이 오해를 부를 가능성이 있다. '제사 기물에 대해서는 군자가 담당할 일이 아니라, 좀 더 하급의 관리가 할 일'이라는 의미가 아니라, '기물 자체를 물체로서 취급하는 것은 담당관의 몫이지만, 거기에 〈생명〉을 부여하는 것은 군자의 역할'임을 말하고 있는 것이다.

3. 공자와 〈범령론〉

공자와 〈범령론〉

공자의 세계관을 잘 이해하려면, 〈범령론〉적 세계관과 비교하는 관점에서 생각해보는 것이 가장 좋다. 유가의 역사에서 〈범령론〉적 세계관을 제기한 이는 맹자이고, 그것을 완성한 것이 주자학이며, 또 그 연장선상에 있는 것이 양명학이다. 그런 견지에서, 우리가 주자의 신주를 숙독하며 그 세계관과 공자의 본래 세계관을 비교하는 일은 큰 의미를 지닌다.

⸎ 자 가라사대, 사람이 능히 도를 넓힌다. 도가 사람을 넓히는 것이 아니다.(「위령공」)

㉾ 子曰, 人能弘道, 非道弘人.

㉭ 선생께서 말씀하셨다. "인간이야말로 도를 넓힐 수 있는 법이

다. 도가 인간을 넓히는 것이 아니다."(가나야, 318쪽)

이 말은 무슨 의미일까.

공자가 생각한 '도道'는 어디까지나 인간이 만들고, 인간이 그 내용을 풍요롭게 하며, 인간이 개조하는 어떤 것이다. 왜냐하면 '도'는 공동체 안에서 많은 〈생명〉이 빛나는 때와 자리에서 저절로 생겨나는 것이기 때문이다. 〈생명〉이 언제, 어디에서 빛날지를 아는 사람이 그 〈생명〉의 법칙(道)을 펼칠 수 있다. 이에 비해, '도'라는 추상적인 어떤 것이 미리부터 있고, 그것이 인간을 낳고, 기르고, 키운다는 생각은 잘못이다. 인간이 도를 만드는 것이지, 도가 인간을 만드는 것은 아니다.

이것은 공자가 활동하던 무렵에 이미 물밑에서 세력을 늘리기 시작하던 원시도가의 생각에 대항한 것이다. 그러나 이윽고 공자의 인간주의는 도가가 세력을 확대하고 도가의 세계관을 흡수한 맹자가 출현하면서 사실상 패배하고 말았다.

하지만 주자의 신주에서는 그것을 다음과 같이 해석한다. 주자학은 성선설이다. 그래서 인간을 완전한 '리理'(도덕성)로 여긴다. 이 '리'야말로 '도'이다. 도의 본체(태극·리)는 스스로 움직이지 않는다. 움직이는 것은 '기'이지, '리'는 어디까지나 '부동不動'이고 '무위無爲'이다. 다른 한편 인간의 마음에는 지각知覺이 있는데, 지각은 '기'이므로 움직인다. 따라서 인간의 마음이 움직여서 '부동의 도'를 키울 수 있는 것이지, 거꾸로 '무위인 도'가 인간의 마음(氣)을 키울 수는 없는 것이다. 또 장자張子의 말을 인용하여 다음과 같이 말한다. 주자학에서는 '성性이 곧 리理'이다. 그리고 인간의 마음은 성性을 다할 수 있다. '성을 다한다'는 것은 인간에게 본질적으로 갖추어져 있는 성(=리)을 마음의 능력에 힘입어 모두 제 것으로 삼는 것이다. 인간이 자기의 마음으로 성을 다할 수 있다는 것은 곧 인간이 도를 키울 수 있다는 말이다. 왜냐하면 도는 리이고, 리는 성이기 때문이다. 그런데 성은 능동성이 없기 때문에 마음을 이렇게 저렇게 할 수 없다. 그러므로 도(=리, 성)가 사람(=마음)을 키울 수는 없는 것이다.

이것은 〈범령론〉적인 주자학의 완성도를 보여주는 단적인 예이다.

하지만 역사적 인물로서의 공자가 이렇게 개념(성, 도, 리, 기, 심)을 정밀하게 분석했던 것은 물론 아니다.

공자에서 도가로

공자의 세계관에는 이미 나중에 등장할 도가적 요소가 섞여 있었음이 분명하다.

그리고 이 도가적 요소는 공자가 죽은 뒤 꽤 오랜 기간에 걸쳐 양성되고, 전국시대에서 한대漢代에 걸쳐 확고한 철학으로 정비된다.

그러나 공자 시대에는 아직 철학으로서 정돈되지 않았다. 공자가 노자를 만나 예를 물었다는 따위의 이야기도 후세에 지어낸 이야기이다.

하지만 『논어』에는 아직 철학으로 정돈되기 훨씬 이전의, 말하자면 '원시도가'라고 불러도 좋을 만한 사람들의 사상이 귀중한 에피소드로 삽입되어 있다. 다음 장은 그 대표적인 것인데, 원시도가의 싹이라 할 만한 모습을 엿볼 수 있다는 점에서 매우 중요하다. 조금 길지만 찬찬히 한 자 한 자 음미했으면 한다.

㉮ 장저와 걸닉이 우하고 경했다. 공자가 그곳을 지나갔다. 자로로 하여금 나루터를 묻게 했다. 장저가 가로되, 저 고삐를 잡은 이는 누구인가. 자로가 가로되, 공구라고 합니다. 가로되, 노나라 공구인가. 대답하여 가로되, 그렇습니다. 가로되, 그렇다면 나루터를 알 것이다. 걸닉이 물었다. 그대는 누구인가. 가로되, 중유라고 합니다. 가로되, 노나라 공구의 무리인가. 대답하여 가로되, 그렇습니다. 가로되, 도도한 것, 천하가 모두 그렇다. 그런데 누가 써 이것을 바꾸겠는가. 또한 당신이 저 사람을 피하는 사를 따르기보다는, 아마도 세상을 피한 사를 따름만 못하겠지. 우하며 그만두지 않았다. 자로가 그것을 고했다. 부자가 무연히 가라사대, 조수는 더불어 무리를 같이할 수 없다. 내가 이 사람의 무리와 함께하지 않고 누구와 함께하겠는가. 천하에 도가 있다면, 구는 더불어 바꾸지 않을 것이다.(「미자」)

㉯ 長沮桀溺耦而耕. 孔子過之. 使子路問津焉. 長沮曰, 夫執輿者爲誰. 子路曰, 爲孔丘. 曰, 是魯孔丘與. 曰, 是也. 曰, 是知津矣. 問於桀溺. 桀溺曰, 子爲誰. 曰, 爲仲由. 曰, 是魯孔丘之徒與. 對曰, 然. 曰, 滔滔者天下皆是也, 而誰以易之. 且而與其從辟人之士也, 豈若從辟世之士哉. 耰而不輟. 子路行以告. 夫子憮然曰, 鳥獸不可與同羣, 吾非斯人之徒與而誰與. 天下有道, 丘不與易也.

우선 전체 이야기를 파악하기 위해 가나야 오사무의 번역을 보기로 한다.

㉡ 〔은자〕 장저와 걸닉이 나란히 밭을 갈고 있었다. 공자가 그곳을 지나며, 자로에게 나루터를 묻게 하였다. 장저가 말했다. "저 마차의 고삐를 쥐고 있는 이는 누구인가." 자로가 대답했다. "공구입니다." "그러면 노나라 공구인가." "예." "그렇다면 나루터를 알고 있겠구먼." 〔이곳저곳 돌아다녀서 길을 알고 있을 터이다.〕 그래서 자로가 걸닉에게 묻자, 걸닉이 물었다. "당신은 누구요." "중유입니다." "그러면 공자의 제자인가." "그렇습니다." "도도하게 흘러 막을 수 없는 것은, 〔이 강물만 그러한 게 아니라〕, 온 세상이 다 그러하네. 도대체 누가 이 난세를 고치겠는가. 허니, 자네도 〔훌륭한 제후를 찾는답시고 저 이도 안 되고 이 이도 안 된다 하며〕 인간을 버리는 사람을 따르기보다는 말일세, 차라리 세간을 버린 사람을 따르는 게 낫지 않겠나." 하더니, 씨를 뿌리고 흙으로 덮는 일을 계속했다. 자로가 그 일을 말씀드리자, 선생은 낙담하며 말씀하셨다. "날짐승이나 들짐승과 함께 살 수는 없다. 내가 인간의 무리와 함께하지 않고, 누구와 함께하겠느냐. 온 세상에 도가 행해지고 있다면, 나 또한 무얼 고쳐보려고 하지는 않을 것이다."(가나야, 368~369쪽)

이야기의 흐름을 대체로 파악했을지 모르겠다.

요컨대 이 장저와 걸닉이 보여주는 것이 원시도가의 모습이다. 보통 장저와 걸닉을 은자라고 이해하지만, 한낱 은자와 원시도가는 다르다.

인용문이 말하고자 하는 것이 무엇인지 찬찬히 독해해보자.

공자 일행이 대지를 걷고 있다. 공자는 수레에 타고 있고, 자로가 말고삐를 잡고 있다. 눈앞에 강물이 흐르고 있다. 그런데 나루터는 어디에 있는 것일까. 마침 그때, 길에서 조금 떨어진 곳에서 밭을 가는 두 사내가 있었다. '우이경耦而耕', 이것은 당시의 경작법이다. 두 사람이 나란히 밭을 가는 것을 가리킨다. 그러므로 이것은 그다지 별스런 광경이 아니다. 일상적으로 볼 수 있는 광경이었으리라.

하지만 이 대목의 묘사에서 '우이경'하는 장저와 걸닉 사이에 커뮤니케이션은 없다. 이것이 첫째 포인트이다. 우선 장저가 자로에게 질문한다. 다음에 걸닉이 자로에게 묻는다. 걸닉은 분명히 장저와 자로가 나누는 이야기를 듣고 있었다. 그러나 마치 듣지 못한 척하고 있다. 장저와 걸닉은 이야기를 나눌 필요가 없는 사이인 것이다. 오로지 묵묵히 밭을 가는 것만으로 자족할 수 있는 사람들이다. 이것은 공자 학단이 늘 서로 이야기를 나눌 필요가 있었고, 그렇게 하지 않으면 결속 자체가 성립되지 않는 것과는 무척 대조적이다.

글자의 의미로만 보면, '장저長沮'는 '꺽다리 심술꾸러기', '걸닉桀溺'은 '책형磔刑을 당하고 물에 빠지다' 정도의 뜻이다. '장저長沮'의 '저沮'는 '습지'라는 뜻이 있으므로, 두 사람의 이름을 합치면 '물에 잠긴 곳에 빠져 있다'는 뜻이 될지도 모르겠다. 또한 '걸닉桀溺'의 '걸桀'은 폭군의 은유인지도 모른다. 이것은 유가에서 본 '장저와 걸닉'이라는 이름의 의미이다

〔반대쪽에서 본 의미는 나중에 서술하기로 한다〕.

하여튼 장저와 걸닉은, 백이伯夷와 숙제叔齊(은나라 말기에 살았던 은둔자 형제), 한산寒山과 습득拾得(후대 당나라의 은자·시인)처럼, 서로 다른 인격이 한 쌍이 된 형태이다. 중국의 은자에는 이처럼 둘이서 한 쌍, 혹은 성질이 다른 복수의 인물로 하나의 개성을 드러내는 경우가 많다. 장저와 걸닉은 그 전형이다.

장저와 걸닉은 그저 묵묵히 밭만 가는 사내들이지만, 실은 세계의 최신 정보에 정통하다. 독자적인 네트워크가 있다. 그래서 자로에게 "저 고삐를 잡은 이는 누구인가"라고 물었던 것이리라. 아마도 그날 공자 일행이 그곳을 지나리라는 것을 두 사람은 처음부터 알고 있었을 것이다. 그래서 일부러 밭에 나와 있었던 게 분명하다. 공자는 공자대로, 이 부근에 장저와 걸닉이라는 저명한 은자가 살고 있다는 사실을 이미 알고 있었으리라. 공자와 장저·걸닉의 만남에 우연성이나 놀라움이 전혀 없는 점을 보면 그것을 알 수 있다.

나루터(津)가 어디에 있는지 자로가 묻자, 걸닉은 "시지진의是知津矣"라고 대답했다. 통설에는 '공구라면 부지런히 이곳저곳 돌아다녔고, 스스로 아는 게 많다고 여기는 사내이니, 나 같은 자에게 굳이 묻지 않더라도 나루터가 있는 곳쯤이야 알고 있을 게야'라는 의미로 본다. 물론 그런 의미였겠지만, 여기에는 도가적인 의미가 숨어 있다.

앞에서 서술한 것처럼, 도가는 세계를 〈범령론〉적으로 파악하는 사상가들이다. 그 지점에서 단순한 은자하고는 다르다. 세상에 도가 행해지지 않기 때문에 은둔한다. 그것이 은자이다. 유교에서는 이러한 은자

(대표적인 이가 백이와 숙제)를 매우 높이 평가한다. 그러나 도가는 그저 단순히 '숨어사는(隱棲)' 것이 아니다. 우주는 하나의 원리·물질·영靈으로 이루어져 있고, 그 하나와 일체가 되기 위해 인위적으로 분절화分節化된 사회를 피해 사는 것이다.

장저와 걸닉은 아직 완성된 도가의 모습은 아니다. 그러나 도가적 세계관의 싹이 여기에 드러나 있다. 공자 일행이 나루터(津)를 찾고 있다는 것은 '이 어지러운 세상에서 바른 길을 찾고 있음'을 암시한다. 하지만 장저와 걸닉이 보기에 공자의 세계관은 잘못되었다. 왜 그러한가. 공자는 자기가 육지를 걷고 있다고 생각하고 있다. 그리고 강에 맞닥뜨렸다. 강을 건너기 위해 나루터를 찾아야 한다. 이런 식으로 생각하고 있으니 공자는 글러먹었다고 장저와 걸닉은 말하고 있는 것이다. 장저와 걸닉이 보기에, 이 세계에는 벌써 이미 육지가 없다. 모든 것이 물에 잠겨, 뭍인지 강인지 구별할 수 없게 되었다. 장저와 걸닉이라는 이름을 유가 입장이 아니라 원시도가 입장에서 보면, 그것을 잘 알 수 있다. 사람들이 모두 빠져버리는 물(沮) 속에서, 이 두 사람만이 우뚝 키가 큰(長), 책형에 쓰는 기둥(桀)에 매달려 물에 빠지지 않고 살고 있다. 다른 모든 사람들은 이미 물에 빠져 있는데도, 아직 그 사실을 알아채지 못하고 있다.

'그러니 나루터(津)를 찾아봐야 헛수고요, 공구 선생'이라고 장저는 말하고 있는 것이다. 그렇게 도를 찾고 싶으면, 우리처럼 세간을 버린 사람에게 묻지 말고 스스로 찾아보라는 말이다.

문답 무용이라 판단한 자로가 다음으로 걸닉에게 질문하자, 걸닉은 자로에게 '당신은 누구요'라고 물었다. 이것 또한 부자연스러운 물음이다. 걸닉은 아마도 이미 다 알고 있었을 것이다. 이곳을 공자 일행이 지나리라는 것. 그때 수레 고삐를 자로가 잡고 있으리라는 것. 공자가 나루터 있는 곳을 묻게 하려고 자로를 자기네 쪽으로 보내리라는 것. 그러므로 '당신은 누구요'라는 질문은 자로의 이름을 묻고 있는 것이 아니다. '당신은 도대체 여기서 무엇을 하는 어떤 인간인가'라고 묻고 있는 것이다. 그러나 자로는 그런 사정을 알 리 없다. '누구냐'고 물었으므로 '중유입니다'라고 대답했을 따름이다. 이 시점에서 이미 걸닉은 자로를 얕잡아보고 있다. 이런 바보같이 우직한 녀석이 이 어지러운 천하를 바꿀 수 있을 리 없다.

그리고 걸닉은 말한다. "도도한 것, 천하가 모두 그렇다." 이것은 〈범령론〉의 싹을 보여주는 표현이다. 가나야 오사무의 번역은 "도도하게 흘러 막을 수 없는 것은, [이 강물만 그런 게 아니라], 온 세상이 다 그러하네"라고 되어 있다. 세상이 온통 구석구석 한결같이 운동하는 물로 가득하다고 보는 인식이 매우 중요하다. 왜냐하면 이것이 〈범령론〉의 원형이기 때문이다. 온 세계가 모두 한결같이 하나의 같은 매질로 가득하다고 보는 인식이 없으면, 〈범령론〉은 성립되지 않는다.

더욱 중요한 것은, 걸닉의 인식방법이 연역적이라는 점이다. 그는 처음에 '천하는 이미 물처럼 운동하는 것으로 가득차 있다(滔滔者天下皆是也)'고 아무런 논증도 없이 공리公理를 들고나왔다. 그리고 그 다음에 '도대체 누가 이 난세를 고칠 수 있겠는가(誰以易之)'라는 인식을 끌어낸다. 하지만 이 인식은 실은 그 앞에 나온 '도도자천하개시야滔滔者天下皆

是也'라는 말로 미리 반론을 봉쇄한 자리에서 성립되고 있는 것이다. 귀납적 사고가 아니라, 공리에서 정리를 끌어낸 연역적 사고이다. 그리고 마지막에, "허니, 자네도〔훌륭한 제후를 찾는답시고 저 이도 안 되고 이 이도 안 된다 하며〕인간을 버리는 사람을 따르기보다는 말일세, 차라리 세간을 버린 사람을 따르는 게 낫지 않겠나(且而與其從辟人之士也, 豈若從辟世之士哉)"라는 결론을 상대에게 강요하고 있다.

　이렇게 말을 하는 방식은 대체로 『논어』적인 것은 아니다. 공자는 연역적인 방식으로 말을 하지 않는다. 처음에 공리를 논증 없이 들고나온 뒤, 거기에서 무리하게 정리나 결론을 끌어냄으로써 상대의 반론을 원천봉쇄하는 방식은 맹자가 가장 잘 구사했다. 그리고 맹자는, 앞에서도 서술했듯이, 〈범령론〉과 샤머니즘이 합체된 세계관의 소유자였다. 걸닉 또한 그러한 부류의 인간이었으리라. 다만 그는 맹자와 달리 도가에 속한 인간이었다.

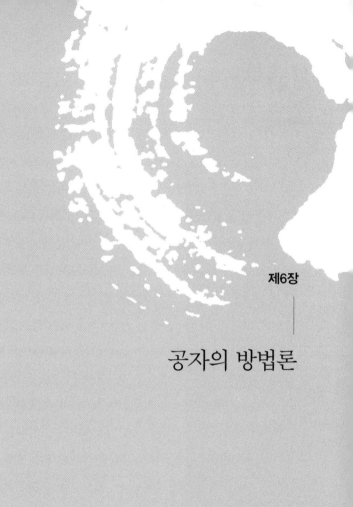

제6장

───

공자의 방법론

1. 지각상—공자의 인식론

지각상의 중요성

나는 공자의 세계관을 〈소울리즘〉이라 불렀다.

세계를 〈범령론〉적으로 파악하지 않고, 그러니까 이 우주에 하나의 영적인 것(이것을 '영=spirit'이라 총칭하기로 한다)이 가득차 흘러넘치는 것이 아니라, 세계는 인간과 인간 이외의 것을 포함한 모든 것의 〈넋 =soul〉이 드러났다 사라졌다 하는 곳이라 생각하는 것, 그것을 〈애니미즘〉이라 부르기도 한다.

그러면 그러한 〈애니미즘=소울리즘〉을 실천하는 사람의 방법론은 어떠한 것일까.

우선 무엇보다 중요한 것은 보는 것과 듣는 것이다.

이성이나 도덕이 아니다. 지각이 무엇보다 중요하다.

왜냐하면 〈애니미즘=소울리즘〉은 '어떤 사람·생물·사事·물物에 생명이 깃들어 있는가'에 세심하게 주의를 기울이는 것을 무엇보다 중요하게 여기는 세계관이기 때문이다.

『논어』는 그러한 〈애니미즘=소울리즘〉적 지혜로 가득차 있다.

하지만 안타깝게도 대개 『논어』를 읽는 사람들은 그러한 부분에 거의 주의를 기울이지 않는다.

예를 들어 근대 이후에 『논어』를 읽는 사람들은 다음과 같은 장 따위에는 거의 주의를 기울이지 않았을 것이다.

⑩ 자 자최를 한 이와 면의상을 한 이와 고자를 보시면, 보기에 젊
더라도 반드시 일어나시고, 그들을 지나가면 반드시 걸음을 빨리
하셨다.(「자한」)

⑩ 子見齊衰者冕衣裳者與瞽者, 見之雖少必作, 過之必趨.

⑭ 선생은 자최의 상복을 입은 이, 관복官服을 입은 이, 그리고 눈
이 나쁜 이를 만나시면, 그들이 아무리 젊더라도 꼭 일어나셨고,
곁을 지날 때는 꼭 걸음을 빨리하셨다.(가나야, 171~172쪽)

그러나 실은 이러한 기술이야말로 『논어』에서 가장 중요하다 해도
좋을 것이다. 군자와 인 등에 관하여 공자가 말한, 사람들의 입에 자주
오르내리는 유명한 문구 따위보다 오히려 위에 인용한 장이 중요하다
고 말해도 과언이 아닐지 모르겠다.

또한 예를 들어 『논어』의 「향당」 편은 현대인은 읽어도 잘 알 수가 없
고, 따라서 재미없는 편이라는 평가가 따라붙는다. 확실히 「향당」 편은
공자가 '향리에서는 몸가짐이 공순恭順하여, 말도 잘하지 못하는 사람
같았지만, 종묘나 조정에서는 막힘없이 말씀하셨고, 오로지 신중하셨
다'든지, '주군이 행차하실 때에는 공손하고 정중했지만, 또한 위축됨도
없으셨다'든지, '걸음을 빨리하여 나아가실 때는 말끔하고 정확했다'든
지, '자기 자리로 돌아오시면 공손히 계셨다'(이상, 가나야 오사무 역)는
따위의 기술이 죽 이어져 참으로 지루하다.

내 상상이지만, 이 「향당」 편을 열심히 읽는 사람은 현대인 중에는
별로 많지 않을 것이다. 아니, 실은 거의 없지 않을까 생각한다. 『논어』

를 '현대사회에서 살아가기 위한 지혜를 얻는 책'이라 여기고 공리적으로 읽는 경우에는, 확실히 고대중국에 살았던 한 인물의 관례나 생활 규범을 기술한 「향당」 편 따위는 별 의미 없는 문장일 게 분명하다.

그러나 『논어』를 〈애니미즘=소울리즘〉의 책이라 해석하면, 이 「향당」 편은 실은 매우 중요한 의미를 띠게 된다.

〈애니미즘=소울리즘〉은 공동체의 예의범절에 녹아들어 있다.

예의범절은 한번 확립되면 그것으로 끝나는 게 아니다. 그것을 날마다 실천하려면, 보는 것과 듣는 것에 신경을 집중해야만 한다.

공자는 길을 걸을 때든 수레에 타고 있을 때든 '보는 것'에 신경을 집중했다. 그것이 인을 실천하는 첫걸음이었던 것이다.

'인'이라는 것은 모종의 형이상학적 보편원리 같은 것도 아니고, 대단한 학자가 대단한 듯이 설교하는 그러한 것도 아니다. 그저 오로지 일상적으로 '보는 것', '듣는 것'에 입각해 있는 것이다.

왜 시를 중시했는가

공자는 예禮나 서書와 더불어 시를 중요하게 여겼다. 그 이유는 무엇일까.

자기 안에 수많은 지각상을 축적하는 데 시만큼 훌륭한 매체가 없기 때문이다. 공자 스스로 그것에 대해 설명한 적이 있다.

㉻ 자 가라사대, 소자야 어찌 저 시를 배우지 않느냐. 시는 써 흥할

만하고, 써 볼 만하고, 써 군할 만하고, 써 원망할 만하다. 가까이는 부를 섬기고, 멀리는 군을 섬기며, 많이 조수초목의 이름을 안다.(「양화」)

(원) 子曰, 小子何莫學夫詩. 詩可以興, 可以觀, 可以群, 可以怨. 邇之事父, 遠之事君, 多識於鳥獸草木之名.

(역) 선생께서 말씀하셨다. "너희들은 어찌하여 시를 배우지 않느냐. 시는 마음을 분발하게 하고, 사물을 관찰하게 하며, 사람들과 함께 사이좋게 지낼 수 있게 하고, 원망스러운 것도 잘 말할 수 있게 해준다. 가까이는 부친을 섬기고, 멀리는 인군을 섬기는 [일도 할 수 있고 거기에다], 조수초목의 이름도 많이 기억할 수 있다."
(가나야, 350쪽)

여기서 말하고 있는 것 모두가 〈애니미즘=소울리즘〉의 방법과 밀접하게 관련된다.

'가이흥可以興'은 시의 말을 통해서 〈생명〉이 드러남을 말한다. 그것은 인간의 마음과 시의 말 〈사이〉에 드러나는 것이다. 한낱 마음의 감흥이나 시의 기교로서의 흥興이라는 의미가 아니다.

'가이관可以觀'은 시를 통해서 보면 사물이 단지 보일 뿐만 아니라, 〈애니미즘=소울리즘〉적으로, 즉 〈생명〉적으로 보이게 됨을 말한다.

'가이군可以群'은, 「위령공」 편에 '(군자는) 군이부당群而不黨'한다는 말이 있듯이, 군자는 복수의 사람들 속에서 당黨하는(당파를 짓는) 일 없이 공동체에 있는 힘을 다해 봉사하는 사람인데, 그러한 인간관계를 구축할 수 있음을 말하는 것이다.

'가이원可以怨'은, 많은 시에서 민중이 억압적인 정치를 원망하고 있다, 그 심정을 제 것으로 여길 수 있다면, 위에서 내려다보는 태도를 취하지 않고 공동체의 좀더 많은 사람들을 포용하는 보편적 입장을 귀납적으로 구축할 수 있음을 말한다.

'이지사부邇之事父, 원지사군遠之事君'은 무슨 뜻일까. 시와 무슨 관계가 있을까. 이 구절은 부친을 섬기고 군주를 섬길 때의 심정과 관련해, 제 자신의 독단이나 잘못된 견해에서 벗어나 좀더 보편적인 심정과 태도를 익힐 수 있게 됨을 말하고 있다. 그리고 보편성을 획득할 때는 군자라면 소인처럼 수직적·연역적 방법이 아니라 시를 통해 가능한 한 다양한 사례를 배우면서 조금씩 귀납적으로 구축해야 함을 말하고 있는 것이다.

'다식어조수초목지명多識於鳥獸草木之名'은, 단순히 박식해지라는 의미가 아니라, 자연을 한낱 하나의 〈범령론〉적 실체로 보기보다는 인간과 그 문화의 관계에서 자연의 디테일이 어떻게 〈생명〉을 빛내고 있는지 세분화하여 보아야 함을 말하고 있다. 이와는 반대로 〈범령론〉에서는 개개 조수초목鳥獸草木의 이름이나 개체 하나하나의 개성 등에는 그다지 관심이 없다. 그보다 이 우주가 하나의 영적 존재에 의해 가득 채워져 있음을 알아차리고, 모든 개별성과 상대성을 뛰어넘는 데 관심이 집중되어 있다.

〈애니미즘=소울리즘〉적으로 시를 배우면 배우는 이들에게 이렇게나 풍성한 열매를 가져다준다.

그러나 공자가 '너희들은 어찌하여 시를 배우지 않느냐'고 말하고 있듯, 제자들은 반드시 시의 의의에 대해 잘 이해하고 있었던 것은 아닌 모양이다.

좀더 연역적으로, 빠르고 손쉽게 진리나 원리나 방법론을 배우고 싶어했을 것이다. 하지만 그러한 생각을 공자가 소인의 사고방식이라 여겨 물리쳤음은 말할 것도 없다.

㊒ 자 가라사대, 시 삼백을 외우되, 그에게 정을 맡김에 달하지 못하고, 사방에 사신으로 보냄에 혼자서 응대할 수 없다면, 많다고 하더라도 또한 무엇하겠는가.(「자로」)

㊀ 子曰, 誦詩三百, 授之以政不達, 使於四方不能專對, 雖多亦奚以爲.

㊂ 선생께서 말씀하셨다. "『시경』 3백 편을 암송하고 있어도, 그에게 정무를 맡겨도 잘 이해하지 못하고, 사방의 나라에 사신으로 보내도 혼자서 대응할 수 없다면, 가령 〔암송한 시가〕 많다고 하더라도 무슨 도움이 되겠는가."(가나야, 252쪽)

이것은 무슨 말일까.

시를 암송해두면, 실제의 정치·행정·외교에서 업무의 질이 월등히 좋아질 것이라는 말이다. 왜냐하면 정치나 행정이나 외교는 참으로 사람과 사람 〈사이의 생명〉을 빛냄으로써, 당사자 모두의 만족도가 월등히 높아질 수 있기 때문이다. 시의 현실적 효용은 이러한 지점에 있다.

그런데도 시가 현실적으로 효용을 발휘하지 못한다면, 그것은 어디까지나 시의 표면만을 암기하고 있는 데 불과한 것이다.

보는 것과 듣는 것

보는 것은 '견見, 시視, 관觀, 찰察' 등의 동사로 표현된다.

훈 자 가라사대, 그 하는 바를 보고, 그 말미암는 바를 보며, 그 편안히 여기는 바를 찰하면, 사람이 어찌 숨기겠는가, 사람이 어찌 숨기겠는가.(「위정」)

원 子曰, 視其所以, 觀其所由, 察其所安. 人焉廋哉, 人焉廋哉.

역 선생께서 말씀하셨다. "그 사람의 행동거지를 보고, 그 사람의 경력을 관찰하고, 그 사람이 편안히 여기는 바를 조사한다면, 〔그 사람됨은〕 어떠한 사람이라 하더라도 숨길 수 없다. 어떠한 사람이라 하더라도 숨길 수 없다."(가나야, 40쪽)

공자에게 중요한 지각상은 현실의 것만이 아니었다. 꿈의 지각상에는 주공이 나타났다.

훈 자 가라사대, 심하구나, 내 쇠약함이여. 오래구나, 내 다시 꿈에 주공을 뵙지 못함이여.(「술이」)

원 子曰, 甚矣吾衰也. 久矣吾不復夢見周公.

⑨ 선생께서 말씀하셨다. "심하구나, 내 쇠약함도. 오래되었구나, 내가 다시 주공을 꿈에서 뵙지 못한 지도."(가나야, 129쪽)

듣는(문聞, 청聽) 것은 어떠할까.
공자는 말한다.

⑧ 자 가라사대, 생각건대 알지 못하고 이것을 짓는 자가 있을 것이다. 나는 그것이 없다. 많이 들어 그 좋은 것을 골라 그것에 따르고, 많이 보아 이것을 기억하는 것은 아는 것의 다음이다.(「술이」)

⑨ 子曰, 蓋有不知而作之者, 我無是也. 多聞擇其善者而從之, 多見而識之. 知之次也.

⑨ 선생께서 말씀하셨다. "더러는 알지도 못하면서 창작하는 이도 있겠지만, 나는 그렇지 않다. 많이 들어 좋은 것을 골라 따르고, 많이 보아 기억해둔다. 그것은 박식한 이〔는 아니더라도, 그〕 다음이다."(가나야, 143쪽)

여기에서 말하는 '지知'는 〈애니미즘=소울리즘〉적 '지'이다. 그러므로 지각상을 가능한 한 많이 제 안에 축적하는 것이 중요하다.

또한 〈애니미즘=소울리즘〉적 교양에서 음악은 특히 중요했다.

⑧ 자 가라사대, 사지의 처음, 관저의 끝은 양양호하여 귀에 가득하구나.(「태백」)

⑧ 子曰, 師摯之始, 關雎之亂, 洋洋乎盈耳哉.

㊡ 선생께서 말씀하셨다. "악관 지가 노래하기 시작한 대목, 관저 악곡의 끝 대목, 탄력 있고 아름답게 귀에 가득가득 퍼졌었지."(가 나야, 159~160쪽)

이러한 말투가 『논어』 안에서도 공자의 면모를 가장 선명하게 전해주는 부분이다. 공자 학단은 지각상의 전달을 사명으로 삼은 집단이었다. 결코 틀에 얽매인 도덕을 전달하는 이들이 아니었다.

공자는 귀가 예민한 사람이었다. 중국고대 사상가 중에는 귀가 예민한 사람이 많았다.

그들에게는 음악이 사상의 일부였다고 해도 무방하다.

다만 음악이 중요했다고 하더라도, 거기에는 크게 나누어 두 종류가 있었다.

하나는 공자의 음악이고, 다른 하나는 장자의 음악이다. 전자는 문화적인 음악이고, 후자는 반문화적인 음악이다.

공자의 음악은 세계를 음으로 분절화分節化한다. 즉 세계의 문화적 구조와 음의 계층적 구조를 연결하여, 음의 아름다운 이어짐 자체가 문화라는 세계관을 음악에 반영한다. 공자에게 음악의 아름다움은 문화의 〈생명〉 자체였다.

그에 비해 장자의 음악은 인위적인 문화를 부정하는 것이다. 문화가 인위적인 것이라 한다면, 그러한 잔재주를 부린 인공물을 넘어선 절대적 자연이야말로 이상적인 것이다. 그것을 도라고 하는데, 이 도가 음

자체가 된 것이 '천뢰天籟'라는 음악이다. 이것은 세계를 분절화하지 않는다. 영원히 유동하는 우주의 그런 움직임 자체가 음악이 된 것이 〈범령론〉적 천뢰이다.

2. 배우는 것과 생각하는 것

배우는 것

〈애니미즘=소울리즘〉적 인간에게 배움만큼 중요한 것은 없다.

물론 배움은 누구에게나, 어떤 세계관을 지녔든, 중요할 것이다.

그러나 지각상 지상주의자였던 공자에게 배움과 익힘은 각별한 의미를 띠고 있었다.

> ㉛ 자 가라사대, 배우고 때로 그것을 익힌다. 또한 기쁘지 아니한가.(「학이」)

'배운다'는 것은 제 마음에 지각상을 많이 축적하는 것을 가리킨다. 그러므로 실제적 훈련이나 리허설이 중요하다.

'배운다'는 것을 제 안에 지각상을 많이 축적하는 것이라 생각하면, 오래도록 그 의미를 알 수 없었던 다음 장도 잘 이해할 수 있지 않을까.

㉙ 애공이 물었다. 제자 누가 학을 좋아합니까. 공자가 대답하여 가라사대, 안회라는 자가 있어, 학을 좋아했습니다. 분노를 옮기지 않았고, 잘못을 두 번 하지 않았습니다. 불행히 단명하여 죽었습니다. 지금은 없습니다. 아직 학을 좋아하는 자를 듣지 못했습니다.(「옹야」)

㉐ 哀公問, 弟子孰爲好學. 孔子對曰, 有顏回者好學. 不遷怒, 不貳過. 不幸短命死矣. 今也則亡. 未聞好學者也.

㉑ 애공이 물었다. "제자 중 누가 학문을 좋아한다 말할 수 있습니까?" 공자께서 대답하셨다. "안회라는 이가 있었는데 학문을 좋아했습니다. 분노에 휩싸여 함부로 남을 공격하지 않았고, 잘못을 되풀이하지 않았습니다. 불행히도 명이 짧아 일찍 죽어, 지금은 이제 없습니다. 학문을 좋아한다고 말할 만한 이는 [그 밖에는] 들은 적이 없습니다."(가나야, 105~106쪽)

이 장을 알기 어려운 것은, '배움을 좋아하는' 이의 대표로 공자가 안회를 든 것은 좋은데, 그 이유를 설명하면서 왜 '분노를 옮기지 않고, 잘못을 두 번 하지 않았다'고 말했는지 잘 이해되지 않기 때문이다. 또한 이것은 호학의 내용인지, 아니면 배움을 좋아함으로써 그렇게 되었다고 말하는 건지 잘 알 수 없다. 더구나 공자가 아무리 안회를 아꼈다고 해도, 또 만년에 안회와 사별하여 슬픔에 잠긴 일도 있고 해서 늙은 공자의 판단력에 문제가 생기기 시작했다고 하더라도, 다른 우수한 제자들도 있는데 '아직 배움을 좋아하는 자를 들어본 적이 없다'고 한 것은 너무 심한 말이 아닐까.

이 장은 이렇게 해석해야 할 것이다. 안회는 배움을 좋아했다. 그 좋아하는 방식을 공자는 좋아했다. 안회는 공자를 둘러싸고 있는 제자들 무리에서 조금 떨어져서, 공자와 제자들의 문답을 다소 거리를 두고 들었고, 그것을 메타meta 차원에서 곱씹고 있었다. 안회와 대조적인 인물이 자로였다. 자로는 언제나 앞에 앉아서, 공자가 무언가 물으면, 언어의 표면 그대로 의미를 받아들여 즉각 대답했다. 공자는 그런 자로를 보고 한숨을 쉬거나 나무랐다. 안회는 가장 뒤쪽에 앉아 있었기 때문에, 그 광경을 자세히 객관적으로 '지각상'으로서 '제 안(場)'에 축적할 수 있었다.

이것이 진정한 학문이라고 공자는 말한 것이다. 그 자리(場)에서 누가 누구와 어떠한 태도와 언어로 커뮤니케이션을 주고받고, 그것을 통해 어떠한 변화나 영향이 사람들 사이에 나타났는지 자세히 관찰하고 그 지각상을 축적하는 것, 그것이 바로 '배운다'는 것이다.

심리학에 '공동주의共同注意(Joint Attention)'라는 개념이 있다. '말을 나눌 때, 대화에 참가하고 있는 사람들이 같은 대상에 주의를 기울이는 것'을 가리킨다(오카모토 마사시, 『언어 운용의 다이내미즘』, 겐큐샤, 2013). 공자 학단에서 '배운다'는 것은, 말하자면 학단 안에서 어떠한 '공동주의' 행위가 수행되고 있는지 자세히 관찰하고 그 지각상을 확보하는 일이었다.

그러한 태도에는 '분노를 옮기지 않고, 잘못을 두 번 하지 않'는 방법론이 필요했으리라. 그리고 동시에 그러한 태도로 배움으로써, '분노를 옮기지 않고, 잘못을 두 번 하지 않는다'는 덕 또한 생겨난다. 자기 안에 타자끼리의 '공동주의'의 지각상을 많이 섭취함으로써 '이러한 경우에는 이러한 사태가 발생한다'는 것을 예측할 수 있고, 또 회피하거나 지향할 수 있기 때문이다. 안회는 이러한 배움에 뛰어났다. 그러나 자로 같은 제자는 언제나 '공동주의'의 주인공이 되고 싶어한 인물이었기 때문에, '공동주의'의 '바깥'으로 나갈 수 없었다.

그래서 '불행히 단명하여 죽었습니다. 지금은 없습니다'라는 공자의 비통한 말은 안회의 육체적 생명 즉 〈제1의 생명〉이 이미 사라져버렸다는 비탄인 동시에, 저 안회가 축적한 귀중하고 방대한 지각상이 소멸되어버린 사실에 대한 절망감이다. 자신(공자)이 없어지더라도 안회만 있으면, 공자 학단에서 수십 년 동안 무엇을 행해왔는지에 대한 '메타 공동주의'적 지각상이 거기에 보존되리라. 그러나 안회가 없는 지금, 그렇듯 귀중하고 귀중한 지각상도 '이제는 없'어진 것이다.

더구나 공자가 마지막으로 한 말이 '아직 배움을 좋아하는 이가 있지 않습니다'가 아니라 '아직 배움을 좋아하는 이를 들은 적이 없습니다'인 점에 주의하자. 이것은 공자가 '안회 외에는 배움을 좋아하는 이가 없습니다'라고 단정하는 것이 아니라, '제자들 중에서도 배움을 좋아하는 이가 있다는 이야기를 듣지 못했습니다'라고 말한 것이다. 공자는 스스로 단정하는 것이 아니라, '호학好學이란 무엇인지에 대해 제자들 스스로 이해하고 판단하기를 바랐던 것이다.

'학學'의 중요성은 맹자로 내려오면 희미해진다. 하나하나의 사·물事物에 대한 섬세하고 정밀한 관찰이라는 의미에서의 '학'을 맹자는 경시했다. 왜 그런가 하면 맹자는 인간에게는 본래 '양지良知·양능良能'이 갖추어져 있다고 생각하기 때문이다. 양지란 '생각하지 않고 아는 바의 것(所不慮而知者)'이고, 양능이란 '사람이 배우지 않고 능히 하는 바의 것(人之所不學而能者)'이다(『맹자』「진심」 상). 이러한 '지知'와 '능能'이 선천적으로 갖추어져 있으므로, 이후에는 그것을 신장하고 확대하면 되는 것이다. 『맹자』에 있어 학문이란 본래 지녔으나 잃어버린 마음의 도덕성을 되찾는 것이다. 공자와는 전혀 다른 생각임을 알 수 있다.

생각하는 것

'배우는 것'과 함께 중요한 것이 '생각하는 것'이다.

> ⓗ 자 가라사대, 내 일찍이 종일 먹지 않고, 온밤을 자지 않으면서 생각했다. 이익이 없었다. 배우는 것만 못했다.(「위령공」)
> ⓦ 子曰, 吾嘗終日不食, 終夜不寢, 以思. 無益. 不如學也.
> ⓨ 선생이 말했다. "나는 이전에 하루 종일 먹지 않고, 온밤을 꼬박 새우며 생각했다. 그러나 얻는 것이 없었다. 생각하는 것은 배우는 것만 못하다."(오구라)

그저 '생각하는 것'만으로는 왜 안 되는가. 인仁은 완전히 우발적인 것이 아니기 때문이다. 인은 분명 우발적인 〈생명〉이다. 그러나 거기에는 공동체가 체현體現해야 할 〈생명〉의 법칙성이 엄연히 존재한다. 그것을 무시하는 것은 공동체를 무시하는 짓이다. 이런 의미에서 공자는 결코 순수한 혁신주의자가 아니라 보수주의자이다.

㉗ 자 가라사대, 배우고 생각하지 않으면 곧 어둡다. 생각하고 배우지 않으면 곧 위태롭다.(「위정」)

㉙ 子曰, 學而不思則罔. 思而不學則殆.

㉭ 선생이 말했다. "배우고 생각하지 않으면 〈생명〉은 보이지 않는다. 생각만 하고 배우지 않으면 〈생명〉을 그르칠 가능성이 높다."(오구라)

'배우는 것'과 '생각하는 것'이 절묘하게 균형을 이룰 때 〈사이의 생명〉이 빛난다고 공자는 말하고 있는 것이다.

지각상만 축적되더라도 그것을 정리하지 않으면 안 되기 때문이다.

공자는 〈애니미즘=소울리즘〉의 방법론을 말끔하게 정식화하고 있다.

㉗ 공자 가라사대, 군자에게 구사가 있다. 봄에는 명을 생각하고, 청에는 총을 생각하며, 색에는 온을 생각하고, 모에는 공을 생각하며, 언에는 충을 생각하고, 사에는 경을 생각하며, 의에는 물음을 생각하고, 분노에는 난을 생각하며, 얻음을 봄에는 의를 생각한다.(「계씨」)

㉙ 孔子曰, 君子有九思. 視思明, 聽思聰, 色思溫, 貌思恭, 言思忠, 事思敬, 疑思問, 忿思難, 見得思義.

(역) 공자께서 말씀하셨다. "군자에게는 아홉 가지 생각하는 것이 있다. 볼 때에는 분명하게 보고 싶어하고, 들을 때는 세세하게 듣고 싶어하며, 얼굴 표정은 온화하게 하고 싶어하고, 자태는 공경스럽게 하고 싶어하며, 말은 성실하게 하고 싶어하고, 일은 신중하게 처리하고 싶어하며, 의심스러운 것은 물으려 하고, 성이 날 때는 나중에 생길 귀찮은 일처리를 생각하며, 이득을 앞에 둘 때는 도의를 생각한다."(가나야, 335쪽)

'구사九思'는 보는 것, 듣는 것에서 시작하여 마지막에 '견득사의見得思義'로 흘러가는 구조로 되어 있다.

씨족공동체나 향당공동체 안에서 군자의 행동거지로 가장 중요한 것은 마지막에 나오는 '견득사의見得思義'이다. 이 일점에 군자와 소인의 분기점이 있다. '견득사리見得思利'하면 그것은 소인이다.

그러나 '구사'가 중요한 이유는 무엇이 의이고 무엇이 리利인지가 미리부터 결정되어 있지 않기 때문이다. 그것이 맹자의 세계관과 결정적으로 다른 지점이다. 맹자는 〈범령론〉적·샤머니즘적 세계관의 소유자이기 때문에, 무엇이 의이고 무엇이 리인지 미리부터 결정되어 있다고 생각한다. 그러므로 리를 얻으려 하는 왕에게 '당신은 틀렸다'고 철두철미하게 반론할 수 있다. 그 배경에는 물론 자기는 절대적으로 의에 서 있는 인간이라는 전제가 있다.

하지만 공자의 세계관은 그렇지 않다. 무엇이 의이고 리인지, 또는 자기가 의에 서 있는 인간인지 리에 서 있는 인간인지는 미리부터 결정되어 있지 않다.

'시視'는 주의깊게 사·물事物을 보는 것이다. 즉 사·물을 자세히 관찰하여, 그 성질이나 상태를 명확히 하는 것이 군자에게는 무엇보다 중요하다. 이러한 세심함은 맹자에게는 없다. 왜냐하면 맹자에게는 마음이 가장 중요하고, 마음이 모든 것을 결정한다. 그러므로 대상이나 외계에 대한 아주 세세한 〈애니미즘=소울리즘〉적 관찰 따위는 필요하지 않다.

'청聽'은 주의깊게 사·물을 듣는 것이다. 사·물이 어떠한 성질을 지니고 있는지, 지금 어떤 상태에 있는지 세심하게 주의하여 듣는 것이다. '명明'이나 '총聰'도 감각기관의 능력을 최대한으로 끌어올려 느끼고 받아들이는 것을 가리킨다.

'색사온色思溫' 이하는 사·물에 대한 관찰·청취가 아니라, 자기의 태도에 대해 말하고 있다. 다만 이것은 군자공동체에서의 태도이기 때문에, '군자'라 일컬어지는 이는 모두 이러한 태도를 견지해야 한다. 무슨 말인가 하면, '안색(色)'이 '온화(溫)'하고, '용모(貌)'는 '공손(恭)'하며, '말하기(言)'에는 '진심이 드러나야(忠)' 하고, '행동거지(事)'에는 '삼감이 있어야(敬)' 한다는 것은 자신의 태도만이 아니라 타인이 그러한 태도인지 아닌지를 '보고 듣는다(視聽)'는 것이다.

그리고 군자공동체에서는 모든 군자가 그러한 '구사九思'의 태도를 취할 때, 공동체의 생명력이 최대치가 된다고 여긴다. 구성원 한 명이라도, 또 용모와 동작의 작은 부분이라도 '구사'에 어긋남이 있으면, 공동체의 생명력은 그만큼 감소된다. 왜냐하면 군자공동체는 초월적인 하늘(天)에서 공급되는 보편적 도덕 에너지를 동력으로 삼는 게 아니라,

오로지 공동체 구성원 한 명 한 명의 감수성에 의해 성립되기 때문이다.

군자공동체는 〈애니미즘=소울리즘〉의 사회이다. 따라서 사람·사·물이 어떠한 자태와 모습, 태도와 상태에 있는가에 매우 민감하다. 이것이 군자의 '구사'가 지닌 중요성에 이어지는 것이다.

3. 말하는 것과 행하는 것

말하는 것

군자는 지각을 인으로 수렴하는 훈련이 필요하다. 그리고 그와 동시에, 군자는 스스로 발하는 표현을 어떻게 제어할 것인지에 대해서도 신경쓰지 않으면 안 된다.

우선 중요한 것은 말하는 것(言, 語)이다.

훈 자 가라사대, 사는 달할 따름이다.(「위령공」)
원 子曰, 辭達而已矣.

가나야 오사무는 "말은 〔의미를〕 전하는 것이 제일이지"(323쪽)라고 번역했다.

그러나 그런 의미가 아니다.

말은 '달達'할 따름이라 할 때 이 '달'은 그저 상대에게 전한다는 의미가 아니다. 전할 뿐이라면, 소인의 교언巧言 또한 그 목적에 달達할 것이기 때문이다.

여기에서 공자가 말하고 있는 것은, 인仁이라는 〈생명〉이 가장 중요한데 언어의 중요성은 그 〈생명〉을 드러낼 때 가장 높아진다는 것이다.

그러므로 공자가 가장 싫어한 것은 '언변이 좋은 것(佞)'이다.

언변이 좋지 않은(不佞) 제자를 공자는 사랑했다. 대표적인 이가 안회인데, 염옹冉雍(자는 중궁仲弓) 또한 공자에게 특별히 사랑받았다.

> ㈜ 자 가라사대, 옹은 남면하게 할 만하다.(「옹야」)
>
> ㈜ 子曰, 雍也可使南面.
>
> ㈜ 선생께서 말씀하셨다. "옹은 천자나 제후처럼 남면(남쪽으로 향함)하여 정치를 하게 할 만하다."(오구라)

이렇게 공자가 아낌없이 최대한 상찬했던 제자이다.

염옹은 또 아래와 같은 평을 들은 인물이다.

> ㈜ 어떤 이가 가로되, 옹은 인하나 불녕하다. 자 가라사대, 어찌 녕을 쓰겠는가. 사람을 대함에 구급을 가지고 하면, 자주 사람에게 미움을 받는다. 그가 인한지 알지 못하겠으나, 어찌 녕을 쓰겠는가.(「공야장」)
>
> ㈜ 或曰, 雍也仁而不佞. 子曰, 焉用佞. 禦人以口給, 屢憎於人. 不

知其仁, 焉用佞.

(역) 어떤 이가 말했다. "옹은 인하지만 언변이 좋지 않다[애석한 일이다]." 선생은 말씀하셨다. "어찌 언변이 좋을 필요가 있을까. 재치 있는 말재간으로 사람을 대하다보면 사람들에게 미움을 사기 십상인 법이다. 그가 인한지는 모르겠지만, 어찌하여 언변이 좋을 필요가 있을까."(가나야, 85~86쪽)

'부지기인不知其仁'은 '염옹이 인한지는 (공자로서는) 알 수 없다'는 의미가 아니라, '염옹이 인하다는 사실을 (어떤 이가) 알지 못한다'는 의미일 것이다. 혹은 '(세상 물정 모르는) 어떤 이가 옹은 인하다고 판정한 논거를 알 수 없으므로, 그의 말에 따라야 할지는 모르겠지만'이라는 의미일지도 모르겠다.

염옹은 공자 문하에서 덕행을 높이 평가받았다. 그러나 『맹자』에는 염옹이 등장하지 않는다.

그 이유는 여럿이겠지만, 염옹이 '불녕'했다는 점이 맹자 계열에서 평가받지 못했던 이유가 아닐까. 왜냐하면 맹자의 변설은 한 걸음 삐끗하면 '녕'이라 부르는 것에 가까웠기 때문이다. '녕'이라는 것은 단순히 아첨하고 알랑대는 어법을 말한다기보다는 샤먼적이고 수직적·연역적인 변설을 가리키는 것인지도 모른다.

커뮤니케이션과 퍼스펙티브

공자 학단은 독특한 커뮤니케이션을 즐긴 집단이었다.

공자가 가장 사랑한 제자는 물론 안회이다.

그러나 왜 안회가 그렇게까지 공자에게 사랑받았는지, 실은 잘 이해할 수 없다.

안회가 특별히 머리가 좋았다든지, 겸허했다든지 따위의 설명은 꽤 많지만, 아무래도 그것만은 아닌 듯하다.

그것은 안회가 조심스럽고 나서기를 좋아하지 않는 성격이었던 것과 큰 관계가 있어 보인다.

공자 학단에서는 선생인 공자를 중심으로 삼아, 제자들이 선생의 이야기를 듣고는 저마다의 의견을 말하는 스타일의 수업이 일반적이었다. 오늘날 일선 학교에서처럼 선생이 일방적으로 이야기하고 끝내는 수업 스타일과는 크게 달랐다. 최근에는 대학에서도 학생의 의견개진을 중시하는 쌍방향 수업이라든지 토론식 수업 등을 활발하게 도입하고 있는데, 공자의 '수업'은 이러한 것과도 크게 달랐다. 왜냐하면 대학에서 이루어지는 그런 스타일의 수업은 수업진행이 너무 형식화되어 있기 때문이다. 공자 학단은 훨씬 자유로웠다.

자로처럼 언제나 제일 앞서 제 의견을 당당히 말하여 공자에게 야단을 맞는 제자가 있는가 하면, 자공처럼 재기발랄하고 말재간이 좋은 제자도 있었다.

그런 때에 안회는 무엇을 하고 있었을까.

그는 다른 이들보다 조금 뒤쪽에 앉아서, 모두의 논의를 듣고 있었다. 앞에서 나는 안회야말로 학단에서 '공동주의'를 바깥쪽에서 바라보는 사람이라고 말했다. 그러한 '지각상의 퍼스펙티브'야말로 공자가 가장 바라던 것이었다. 왜냐하면 참된 지知는 그러한 것이기 때문이다.

공자가 그러한 '공동주의'의 바깥에서 바라보는 퍼스펙티브를 높이 평가한 사례를 또하나 들어보자. 매우 유명한 장(「선진」)이지만, 길기 때문에 훈독문은 생략하고 번역만 싣기로 한다.

㉫ 자로와 증석과 염유와 공서화가 선생님 곁에 있었다. 선생께서 말씀하셨다. "내가 너희들보다 조금 나이가 많다고 해서 어렵게 생각지 말아라. 평소에 늘 '나〔의 진가〕를 알아주지 않는다'고 하던데, 만약 누군가 너희들을 알아주어 〔써〕준다면, 어떻게 하겠느냐." 자로가 불쑥 대답했다. "병거兵車 천 대를 낼 정도의 나라가 〔만 대를 낼 만한〕 대국 사이에 끼어 있고, 게다가 전쟁이 일어나 기근이 거듭될 경우, 제가 그곳을 다스린다면, 3년이 지났을 무렵에는 〔그 국민을〕 용기가 있고 도를 알게 할 수 있습니다." 선생은 그 말에 웃으셨다. "구야 너는 어떠하냐." 구가 대답하여 말했다. "사방 60~70리나 50~60리 되는 〔작은〕 곳에서 제가 다스린다면, 3년이 지났을 무렵에는 인민을 풍요롭게 할 수 있습니다. 예악 등에 관한 것은 군자에게 부탁하겠습니다." "적아 너는 어떠하냐." 적이 대답하여 말했다. "할 수 있다는 말은 아닙니다만, 배우고 싶습니다. 종묘에서 제사지낼 때와 제후가 회동할 때, 단복을

입고 장보관을 쓰고서 얼마간 도움이 되었으면 합니다."(가나야, 219~222쪽) (子路曾晳冉有公西華侍坐. 子曰, 以吾一日長乎爾, 毋吾以也. 居則曰, 不吾知也. 如或知爾, 則何以哉. 子路率爾而對曰, 千乘之國, 攝乎大國之間, 加之以師旅, 因之以饑饉. 由也爲之, 比及三年, 可使有勇, 且知方也. 夫子哂之. 求, 爾何如. 對曰, 方六七十, 如五六十, 求也爲之, 比及三年, 可使足民. 如其禮樂, 以俟君子. 赤, 爾何如. 對曰, 非曰能之, 願學焉. 宗廟之事, 如會同, 端章甫, 願爲小相焉.)

『논어』의 수사법으로, 자로→ 염유(염구)→ 공서화(공서적) 순으로 공자의 이상에 접근하고 있다. 거꾸로 말하면 자로가 공자의 이상에서 가장 먼 것이다. 이어서 읽어보자.

㉭ "점아 너는 어떠하냐." 증점은 슬瑟을 연주하던 것을 멈추더니, 쿵 소리를 내며 치우고 일어서서 대답했다. "세 사람처럼 훌륭한 것과 거리가 멉니다만." 선생께서 말씀하셨다. "신경쓸 것 없다. 그저 각자 포부를 말할 뿐이다.""봄이 끝날 무렵, 봄옷이 말끔하게 정돈되면, 청년 대여섯 명과 소년 예닐곱 명과 함께 기수에서 목욕하고, 기우제 때 춤추는 대지臺地 근처에서 바람을 쐬다 노래하면서 돌아오겠습니다. (후략)"(가나야, 222~223쪽)

(點, 爾何如. 鼓瑟希, 鏗爾舍瑟而作. 對曰, 異乎三子者之撰. 子曰, 何傷乎. 亦各言其志也. 曰, 莫春者, 春服旣成, 冠者五六人, 童子六七人, 浴乎沂, 風乎舞雩, 詠而歸. …)

증석(증점)의 대답에 공자는 감복했다. 『논어』에서 가장 문학적이라 일컬어지는 대목이다.

하지만 이 장에서 놓치지 말아야 할 것은 증석의 행동거지이다. 자로와 염유와 공서화가 공자를 둘러싸고 진지하게 이야기를 주고받고 있을 때, 증석만은 그 자리에서 떨어져 있다. 그리고 혼자서 금을 연주하고 있었다. 증석은 증자의 부친이니, 나이가 꽤 많다. 그러나 그렇다 해도 스승과 제자들이 이야기를 나누고 있을 때 거기에 참가하지 않고, 『무민』의 스너프킨처럼*, 혼자서 마치 아무것도 모른다는 듯이 악기를 연주하고 있었다. 더구나 공자가 말을 하라고 재촉하자, 자로·염유·공서화와는 전혀 다른 내용을, 그때까지 이루어진 대화의 문맥을 완전히 벗어나 이야기했다.

공자가 증석을 칭찬한 것은 그 자리에서 증석이야말로 가장 〈사이의 생명〉을 아름답게 빛냈기 때문이다. 공자 학단에서 최고의 가치로 여겨진 것은 이런 우발적인 〈생명〉의 아름다움이었다.

---

* 『무민』은 핀란드의 작가 토베 얀손의 '무민 시리즈'라 불리는 일련의 소설과 『무민 만화』를 아울러 이르는 명칭이다. 핀란드와 일본에서 애니메이션으로 제작되었고, 특히 일본에서는 애니메이션 작품이 인기를 끌었다. 스너프킨은 『무민』의 등장 캐릭터로, 사람과 비슷한 복장을 하고 있으며(『무민』의 등장 캐릭터는 대개 가공의 생물이다), 자유롭고 고독하며, 음악을 사랑하는 여행자로, 소유를 싫어한다.

행하는 것

군자가 군자인 이유는 배운 것을 그대로 놓아두지 않고 반드시 행한다는 점에 있었다. 그러나 '행行'이라는 것을 제자들은 꽤 이해하기 어려웠던 모양이다.

⊗ 자 가라사대, 이삼자야 내가 숨긴다고 여기느냐. 나는 너희에게 숨기는 게 없다. 내가 행함에 이삼자와 더불어지 않은 것이 없다. 이것이 구이다.(「술이」)

⊗ 子曰, 二三子以我爲隱乎. 吾無隱乎爾. 吾無行而不與二三子者, 是丘也.

⊗ 선생께서는 말씀하셨다. "너희들은 내가 무언가 감추고 있다고 생각하느냐. 나는 너희들에게 감추고 있는 것 따위는 전혀 없단다. 내가 행하는 것 중에 너희들에게 보이지 않은 것은 하나도 없다. 이것이 내가 나인 이유이다."(오구라)

'오무행이불여이삼자자吾無行而不與二三子者'를 우노 데쓰토는 "내가 행함에 이삼자에게 보여주지 않은 것이 없다('여與'를 '시示'로 보았다)고 읽었다(우노 데쓰토, 앞의 책, 200쪽). 우노의 독법은 주자 주의 해석을 따른 것이다. 이쪽이 좋다.

여기에서 공자는, '인'이나 '덕' 같은 것은 무언가 내밀한 부분에 있어서 겉으로는 보이지 않는 그러한 것이 아님을 말하고 있다. 그러나 제자들은 '인'이나 '덕'이라는 것은 표면적인 게 아니고, 인격의 내면적 측면에 그 핵심부분이 있음이 분명하다고 생각하곤 했다. 공자의 일상적인 행동거지뿐만 아니라 그 내면 깊은 곳에 무언가 '인'이나 '덕'의 원천 같은 게 있음이 분명하다. 선생은 가장 중요한 그 핵심부분을 우리들에게 보여주지 않고 숨기고 있는 것이 아닐까. 제자들 중에 그렇게 생각하는 사람들이 있었다.

그러나 공자는 이에 대해 '모든 것은 표면에 나와 있다. 내면 깊숙이 숨기고 있는 것 따위는 전혀 없다. 내 일상적 행동거지에, 그것이 인인지 인이 아닌지를 가르는 분기점을 포함하여, 모두 드러나 있다'고 말하고 있다.

때(時)

행하는 것에서 가장 중요한 것은 때(時)이다.

왜 공자는 '때'를 중요하게 여겼을까.

'인'은 영속하는 것이 아니기 때문이다. 인은 순간적으로 드러나는 것이기 때문이다.

그렇게 생각하면, 이제까지 '의미를 알 수 없다'고 많은 이들이 말해 온 다음 장도 명확하게 이해할 수 있다. 그리고 이 장이 왜 『논어』 전반부('상론上論'이라 부르기도 한다)의 마지막 장이라는 매우 중요한 위치를 차지하는지, 그 의미도 명확해진다.

ⓗ 색하고 여기에 오르고, 상한 뒤에 머무른다. 가라사대, 산량의 암꿩, 때이구나, 때이구나. 자로가 이것을 공했다. 세 번 냄새 맡고 일어나셨다.(「향당」)

ⓦ 色斯擧矣, 翔而後集. 曰, 山梁雌雉, 時哉時哉. 子路共之. 三嗅而作.

우선 줄곧 해온 순서대로, 가나야 오사무의 번역을 보자.

ⓔ 놀라서 확 날아오르고, 빙빙 돈 뒤에 비로소 앉는다. [선생께서는 그것을 보시더니] 말씀하셨다. "산기슭의 암꿩도 시절에 맞는구나, 시절에."(사람의 출처진퇴에 견주어 새의 움직임에서 의미를 찾아내신 것인데,) 자로는 [제철 먹을거리라고 오해하여] 그것을 밥상의 찬으로 올렸다. [선생은] 세 번 냄새를 맡으시더니 자리에서 일어나셨다.(가나야, 199~200쪽)

'자로공지子路共之. 삼후이작三嗅而作' 부분의 번역이 매우 부자연스럽지만, 고주에 따르면 이렇게 해석된다.

주자도 기본적으로 고주를 따랐지만 자기의 설도 제시했는데, 그것에 따르면 우노 데쓰토의 번역처럼 "자로는 공자의 뜻을 알지 못했기 때문에, 새가 있는 쪽으로 가서 그것을 잡으려 했다. 새는 세 번 울고 날아갔다"(우노 데쓰토, 앞의 책, 298쪽)는 말이 된다.

하지만 이 해석도 의미를 알 수 없다. 본래 주자는 "이 장에는 궐문이 있다(그러므로 의미를 알 수 없다)” 하여 반쯤은 해석을 포기하고 있다.

내 번역은 다음과 같다.

㉭ 공자 일행이 길을 가는데, 인기척을 느낀 암꿩이 하늘로 날아 올라 한참 있다 나무에 앉았다. 선생은 말했다. “산기슭의 암꿩은 때를 아는구나. 때를 아는구나.” 이 말을 듣고 자로는 꿩에게 먹이 를 주어보았다. 그러자 꿩은 먹이를 세 번 냄새 맡고 날아갔다.

즉 공자는 꿩이 ‘때’를 알고 있음을 상찬했다. 인간의 출처진퇴에 비 겨서 생각해도 좋을 이 대목은 좀더 넓은 의미를 포함하고 있을 것이 다. 그러니까 『논어』 개권 제1장에서 ‘배워서 때로 이것을 익힌다(學而時 習之)’고 할 때의 ‘습習’은 바로 새끼새가 날갯짓을 하며 날려고 하는 것 을 말한다. 그 새끼새가 많은 학습과 경험을 쌓아, 이 「향당」 편 최종장 의 꿩이 되어 ‘날아오르고(翔)’ 있는 것이다(습習과 상翔의 대비). 처음 에는 어색하고 익숙하지 않은 〈생명〉의 실천이지만, 오랜 기간의 숙련 을 통해서, 반성지反省知를 매개하지 않고 자연스럽게 〈생명〉의 행동을 할 수 있게 되었다. 그러므로 “시재시재時哉時哉(때이구나, 때이구나)”인 것이다.

그렇다면 왜 암꿩은 자로가 준 먹이를 세 번 냄새 맡고 날아갔던 것 일까. 이것은 예의 실천에 대해 말하고 있다고 이해해야 한다. 「향당」 편은 공자가 일상에서 거동하는 모습을 자세하게 서술한 편이다. 공자의 일거수일투족에는 〈생명〉을 빛내는 인이 드러나 있음을 이 편의 편자는 말하고 싶었다. 그래서 이 편의 마지막 장에, 이제 예와 인을 익혀 군자가 된 꿩은 자로에게 먹이를 제공받았기 때문에 세 번 상체를 굽혔다고 보아야 한다(혹은 증자의 삼성三省을 형상화한 것인지도 모르겠다). 땅바닥에 놓아둔 것의 냄새를 맡을 때는 상체를 앞으로 숙였을 것이다. 이것을 예를 차리는 동작(읍揖)으로 본 것이다. 그 몸짓은 아마도 다음의 묘사와 대응하는 것이 아닐까.

훈 임금이 불러서 빈을 맡게 하면, 색은 발여했고 발은 확여했다. 더불어 서는 바를 읍하면, 그 손을 좌우로 했다. 의衣의 전후, 첨여했다. 걸음을 빨리하여 나감에는 익여했다. 빈이 물러나면 반드시 복명하여 가라사대, 빈이 돌아보지 않았다고 했다.(「향당」)

원 君召使擯, 色勃如也, 足躩如也. 揖所與立, 左右手, 衣前後, 襜如也. 趨進, 翼如也. 賓退, 必復命曰, 賓不顧矣.

역 주군이 불러서 손님을 접대하는 역할을 명하셨을 때는, 낯빛은 긴장되게, 발걸음은 가만가만 걸으셨다. 함께 〔접대하는 역할로〕 나란히 있는 사람들에게 인사하실 때는 오른쪽으로 손을 끼거나 왼쪽으로 끼거나 하셔서, 〔허리를 굽힐 때〕 옷의 앞뒤가 아름답게 흔들리며 움직였다. 종종걸음으로 나가실 때는 정확하고 늠름했다. 손님이 물러가면, 반드시 또 보고하셨다. "손님께서는 뒤돌아보지 않으셨습니다(만족해서 돌아가셨다)."(가나야, 185~186쪽)

즉 이 암꿩은 공자와 자로 일행을 만나서, 낯빛은 긴장되게, 발걸음은 가만가만히 했고, 인사할 때는 크게 펼친 날개를 오른쪽으로 왼쪽으로 흔들며 아름답게 빛냈고, 그리고 날개를 천천히 움직여 우아하게 〈생명〉을 빛내면서 다시 공중으로 비상했다. 그때에 꿩은 이쪽을 돌아보지도 않고 날아갔다.

다만 우리는 이 장을 「학이」 제1의 '배워서 때로 이것을 익힌다(學而時習之)'는 대목과 조응照應하는 장으로 이해해야 할 것이다. '배워서 때로 이것을 익히는 것'에서 중요한 것은 '때'였다. 그리고 『논어』 전반부(상론上論) 마지막에 놓인 본장에서도 '때'의 중요성을 말하고 있다. 그이유는 무엇일까. '인'은 〈사이〉에 드러나는 〈생명〉이기 때문에, 그것을 언제 드러내느냐가 결정적으로 중요하다. 흔히 라쿠고나 개그의 세계에서 가장 중요한 것은 '무엇을 말하느냐'가 아니라 '언제 말하느냐'라고들한다. 콤비를 이룬 짝이나 관객을 상대하는 동안, '바로 이 순간'이라할 만한 절묘한 순간에 말을 던짐으로써, 그 자리를 웃음의 도가니로만든다. 이것이 가능한 사람이 명인이고, 할 수 없는 사람은 하수이다. 공자가 나날의 실천(공동체에 〈생명〉이 언제 드러나는가) 속에서 가장중요하게 여긴 것도 '때'였다.

따라서 제4장에서 서술한 것처럼, 개권 제1장을 '벗이 있어 먼 곳에서 오니, 또한 즐겁지 않은가'라고 읽는 것은 틀린 독법이다. 원문은 '유붕자원방래有朋自遠方來, 불역락호不亦樂乎'인데, '자원방래自遠方來'는 '멀리에서 **바야흐로** 온다'고 읽어야 한다. 생각지도 못하게 벗이 멀리에서온, 바로 그 순간의 기쁨에서 〈사이의 생명〉이 빛나는 것이다.

제7장
———
공자의 위기

1. 〈범령론〉의 대두와 침투

공자의 변용

이제까지 보아온 대로 『논어』에는 공자의 〈애니미즘=소울리즘〉적 세계관이 짙게 반영되어 있지만, 또 동시에 그것과는 이질적인 세계관도 섞여 있다.

이것은 『논어』라는 책의 편찬과정과 깊게 연관되어 있다.

『논어』가 오늘날 우리가 보는 것과 거의 같은 모습으로 편찬된 것은 아마도 한대漢代에 이르러서의 일이라고들 한다. 『논어』는 공자가 살았던 시대로부터 수백 년이 지난 뒤 편찬되었다는 말이다. 더구나 그 사이에 공자의 언행을 기록하고 편찬하는 흐름은 한 갈래가 아니라 여러 갈래였다(노논어魯論語·제논어齊論語·고논어古論語). 그렇듯 오랜 시간이 지나는 동안, 공자의 언행이나 그 해석도 많은 변화를 겪었다.

내 생각에, 공자가 죽은 뒤부터 한대까지 일어난 변화 중에서 가장 큰 변화는 중국사상에서 '〈애니미즘=소울리즘〉에서 〈범령론〉으로 이동하는 사태'가 벌어진 거대한 굴곡이었다.

중국에서의 〈범령론〉은, 이제까지 몇 차례 설명했지만, 우주가 하나의 영적인 것으로 가득차 있다고 보는 세계관 전반을 뭉뚱그려 가리킨다. 특히 중국고대에서 중요한 것은 이 우주가 '기氣'라는 '영적 물질'에 의해 생겨났다고 보는 세계관의 대두이다.

다만 기묘하다고 해야 할지, 당연하다고 해야 할지, 『논어』는 이러한

〈범령론〉적 세계관의 영향을 거의 받지 않았다. '기'라는 말조차 거의 나오지 않는다. 나오더라도 전혀 〈범령론〉적 의미로 사용되지 않았다. 『논어』에서 '기'라는 글자가 사용된 중요한 부분은 다음 두 대목이다.

증자가 병에 걸렸을 때, 맹경자가 문병을 왔다. 증자는 입을 열어 말했다. "새가 죽을 때는 그 울음소리가 구슬프고, 사람이 죽을 때는 그 말이 훌륭합니다. [임종을 앞둔 제 말을 부디 들어주십시오.] 군자가 예에 관하여 귀하게 여기는 것 세 가지가 있습니다. 행동을 할 때는 거칠고 방자함을 멀리합니다. 안색을 정돈할 때는 성실함에 가깝게 합니다. 말을 입에 올릴 때는 저급하고 천박한 것을 멀리합니다. [이 세 가지는 예에서 중요한 것입니다.] 제사 공물을 담는 기물 따위에 관한 일은 담당관이 있습니다. [군자가 존중할 만한 예는 아닙니다.]"(曾子有疾, 孟敬子問之. 曾子言曰, 鳥之將死, 其鳴也哀. 人之將死, 其言也善. 君子所貴乎道者三, 動容貌, 斯遠暴慢矣. 正顏色, 斯近信矣. 出辭氣, 斯遠鄙倍矣. 籩豆之事, 則有司存.)

이미 제5장에서 설명한 대목이다. 여기에서 '사기辭氣(말의 기)'라는 말이 사용되었지만, 이것은 증자가 임종을 앞둔 때의 말이므로 공자가 죽은 뒤 수십 년이 지난 시점에 한 말이거니와, 애초에 이 '사기'의 '기'라는 글자에는 〈범령론〉적인 의미가 전혀 없다.

다음은 '혈기血氣'이다.

㊀ 공자 가라사대, 군자에게 삼계가 있다. 젊을 때는 혈기가 아직 정해지지 않아, 이것을 경계하는 것 색에 있다. 장성함에 미쳐서는 혈기가 바야흐로 강하여, 이것을 경계하는 것 싸움에 있다. 늙음에 미쳐서는 혈기가 이미 쇠퇴하여, 이것을 경계하는 것 득에 있다.(「계씨」)

㊝ 孔子曰, 君子有三戒. 少之時, 血氣未定, 戒之在色. 及其壯也, 血氣方剛, 戒之在鬪. 及其老也, 血氣旣衰, 戒之在得.

㊙ 공자께서 말씀하셨다. "군자에게는 세 가지 경계하는 것이 있다. 젊을 때는 혈기가 아직 안정되지 않으므로 여색을 경계한다. 장년이 되면 바야흐로 혈기가 왕성하므로 싸움을 경계한다. 노년이 되면 혈기가 이제 쇠퇴하므로 탐욕을 경계한다."(가나야, 333쪽)

이 '혈기'는 육체적 생명 즉 〈제1의 생명〉의 기세 같은 것을 가리킨다. 오늘날에도 '혈기왕성'과 같은 식으로 흔히 쓰는 말이다. 다만 이 말에 〈범령론〉적 의미는 전혀 없다.

이 장은 확실히 인간의 일생을 혈기라는 개념으로 크게 셋으로 나누고, 각 시기마다 경계해야 할 것을 말한 것으로, 매우 유명하고 유용하기도 하다. 그러나 내용이 너무 범용하다. 관광지의 특산품가게에서 파는 찻그릇 따위에 흔히 이런 범용한 문구가 적혀 있다.

『논어』에는 얼핏 범용해 보이는 문구가 많이 나오는데, 그중에서 공자가 정말로 말한 것은 범용한 거죽 안에 깊은 진리가 숨겨져 있다. 그러나 공자가 죽은 뒤에 제자들이 공동으로 모의하여 '공자의 말'을 날조한 것이나, 제자들이 잘못된 기억으로 '공자의 말'을 만들어버린 것은 거죽도 내용도 범용한 것이 많다.

이 장과 같은 경우는 그 전형이리라. 이것은 공자 자신의 말이라기보다는 후세에 '공자의 말'이라 해서 의도적으로 『논어』에 끼워넣은 것이리라. 숫자를 들어 '××에 3× 있다'는 식의 말투는(「계씨」 편에 그러한 장이 많은데) 공자 본래의 말투와는 매우 다르고, 또 이 장의 내용이 공자의 말치고는 너무 범용하기 때문이다. 공자는 〈생명〉을 가장 중시한 철학자이다. 그런 사람의 말치고는 〈생명〉이 느껴지지 않는다.

이 장에서는 육체적 생명으로서의 기를 논하고 있지만, 후세에 〈범령론〉적 세계관이 나오자 '기의 분리'가 일어난다. 예를 들어 주자학에서는 "기는 하나이지만, 마음에 중점이 놓이면 지기志氣라 하고, 형체에 중점이 놓이면 혈기血氣가 된다"고 한다. 육체적 생명으로서의 혈기를, 정신적 생명으로서의 지기志氣가 컨트롤하는(戒) 구조가 된다. 그러나 공자는 분명 그런 이중구조로 생각하고 있었을 리 없다.

그러한 해석은 어디까지나 〈범령론〉이 대두한 뒤의 사고이다.

중국사상의 두 가지 흐름

『논어』의 〈애니미즘=소울리즘〉적 세계관은 『맹자』에 이르러 일변한다.

보통은 『논어』와 『맹자』, 혹은 '공자와 맹자' 하는 식으로 둘을 병칭하여, 마치 같은 사상인 것처럼 생각들을 한다.

나는 분명 거기에 유교라는 것에 대한 커다란 오해가 깃들어 있다고 생각한다.

앞서 말한 것처럼, 『논어』와 『맹자』는 전혀 다른 방향성을 지닌 별개의 세계관이다.

물론 공자와 맹자 둘 다 유가이고, 맹자는 공자를 존경했다. 그래서 중국사상사를 크게 보면, 공자와 맹자는 같은 '학파(家)' 사람이라 해도 좋을 것이다.

그러나 전혀 다른 방에 살고 있다. 공자는 〈애니미즘=소울리즘〉이라는 방에, 맹자는 〈범령론〉이라는 방에 살고 있다. 다른 말로 하면, 공자는 〈제3의 생명〉을 믿었고, 맹자는 〈제2의 생명〉을 믿었다.

공자가 죽은 뒤 중국사상사는 극적인 전개를 보인다.

이미 몇 번이나 서술한 대로, 〈범령론〉이 대두한 것이다.

중국에서 〈범령론〉의 대두는 명백히 도가라는 사상집단이 주도했다. 그들이 주장한 '도道'와 '기氣'는 양쪽 다 단순한 물질이 아니라, 영적인 궁극존재(道)이고 영적인 물질(氣)이었다.

맹자는 유가이지만, 명백히 도가의 〈범령론〉적 세계관을 제 사상에 끌어들였다. 이 지점이 공자와 결정적으로 다르다. 공자 시대에는 아직 제 설을 명확하게 철학화한 도가도 없었고, 〈범령론〉도 존재하지 않았다(그 싹은 있었다). 다만 '하늘이나 귀신'의 '존재나 성격'을 둘러싼 논의가 있었을 뿐이다.

또한 맹자는 묵가적 샤머니즘 사상을 도입하는 데도 성공했다. 공자가 그렇게도 혐오했던 수직적이고 연역적인 샤머니즘 세계관과, 공자 시대에는 아직 미미한 세력이었던 도가의 〈범령론〉적 세계관을 합쳐서 유가적 세계관과 합일시킨 것이 맹자였다.

그러므로 맹자의 세계관은 보편적이고 또한 수직적이다. '인간 한 명 한 명의 신체·마음과 우주 전체가 하나의 기氣로 생겼다고 보는 사고'라는 점에서 보편적이고, '왕과 성인과 대인은 그 보편적인 세계에서 샤먼처럼 영적인 존재로서 군림할 수 있다고 생각'한다는 점에서 수직적이다.

공자의 경우, 보편적인 인간관은 아직 '기'라는 물질성이나 '성선性善'이라는 도덕성에 의해 뒷받침되고 있지 않았다. 공자의 〈애니미즘=소울리즘〉은 인간이나 자연에 대해 영적인 보편성을 인정하지 않는 세계관이었다.

㊛ 나는 잘 내 호연지기를 기른다. 감히 묻습니다, 무엇을 호연지기라 이릅니까. 가로되, 말하기 어렵다. 그 기됨이 지대지강하고 곧으며, 길러서 해치는 일이 없으면, 곧 천지간에 가득찬다. 그 기됨이 의와 도와 합하니, 이것이 없으면 굶주린다. 이것은 의를 만나 생기는 바의 것으로, 습격하여 취할 것이 아니다. 행함에 마음에 쾌하지 않은 것이 있으면 곧 굶주린다. (후략) (『맹자』「공손추상」)

㊝ 我善養吾浩然之氣. 敢問何謂浩然之氣. 難言也. 其爲氣也, 至大至剛以直, 養而無害, 則塞於天地之間. 其爲氣也, 配義與道, 無

是, 餒也. 是集義所生者, 非義襲而取之也. 行有不慊於心, 則餒矣.

㉯ "(나는) 또한 호연지기를 잘 기른다." 공손추가 또한 말했다. "꼭 여쭙고 싶습니다만, 호연지기란 도대체 어떤 것입니까." 맹자께서 대답하셨다. "말로는 좀처럼 설명하기 힘든데, 더할 나위 없이 크고, 더할 나위 없이 강하며 올바른 것. 훌륭하게 길러가면, 천지간에 가득찰 수도 있는, 그것이 호연지기이다. 그러나 그 기는 언제나 정의와 인도人道가 짝을 이루고서야 존재하는 것이므로, 이 두 가지가 없으면(곧 정의와 인도에서 벗어난다면) 이 기는 굶주려 말라비틀어져버린다. 이것은 끊임없이 도의를 행하는 사이에 자연스럽게 생겨나는 것으로, 바깥(外界)에서 무리하게 한꺼번에 취할 수 있는 것이 아니다. 제 마음에 무언가 꺼림칙한 것이 있으면 곧 굶주려 말라비틀어져버린다. (후략)"(고바야시 가쓴도, 상, 122~124쪽)

여기에서 말하는 기는 공자의 유가에서 장자의 도가로 넘어가는 과도기의 세계인식을 보여주는 한 사례이다.

다만 이것은 완전한 〈범령론〉은 아니다. 호연지기는 우주에 가득차 있지만, 그것은 그 기가 올바를 때뿐이기 때문이다.

물의 이미지

〈애니미즘=소울리즘〉에서 〈범령론〉으로 옮겨가는 '패러다임 변동기'

에는 자연에 대한 생각도 급격히 바뀌었다.

예컨대 물에 대한 이미지를 생각해보자.

『논어』에서 물에 관한 가장 유명한 대목은 다음과 같은 장이다.

㉽ 자 물가에서 가라사대, 가는 것은 이와 같은가. 주야를 그치지 않는다.(「자한」)

㉵ 子在川上曰, 逝者如斯夫. 不舍晝夜.

이 짧은 문장은 동아시아에서 문학적 상상력을 한없이 자극하는 원천이었다. 또한 이 문장에 대한 해석이 본래 다양하고, 그 해석들이 그대로 문학이라 해도 좋다.

해석은 거칠게 말해서, 공자의 말을 적극적인 것으로 보느냐 소극적인 것으로 보느냐로 갈린다. 기타무라 요시카즈에 따르면, 맹자나 순자, 또 전한前漢의 동중서나 양웅까지는 '적극적·향상적'인 의미로 해석하고 있었다. 세계가 유동화流動化되고 지식인이 각국을 이동하면서 비교적 자유로이 관직에 나가고 정계에 진출할 수 있었던 시대의 정신과 딱 맞게 해석했다. 하지만 후한의 정현 즈음부터 '공자가 자신의 불우함을 영탄한 것'으로 보는 비관적 해석이 나왔다. 그 배경에는 통일제국에서 관료제도가 완비됨에 따라 지식인이 '정치에서 소외된 불우한 감정을 공자에게 투사했다'는 사정이 있었다. 이러한 '비애의 방향'은 육조시기에 줄곧 이어졌다. 그러나 그뒤 송대에 들어 정이천이나 주자 같은 이들이 '다시 고대에 그렇게 보았던, 적극·수양의 방향으로 해석을 되돌렸다'(『논어』의 자연관」, 가지 노부유키 편, 『논어의 세계』, 주오 문고, 1992, 155~168쪽).

여기서는 이 문제를 조금 다른 관점에서 생각해보기로 한다.

앞에 든 공자의 말에 호응하는 것으로, 맹자는 다음과 같이 말하고 있다.

⑧ 맹자 가로되, 근원이 있는 물은 혼혼하여 밤낮으로 그치지 않는다. 웅덩이를 채운 뒤에 나아가, 사해에 이른다. 근원이 있는 것은 이와 같다. (후략) (『맹자』「이루離婁 하」)

㉥ 孟子曰, 原泉混混, 不舍晝夜. 盈科而後進, 放乎四海. 有本者如是. …

㉡ 맹자께서 대답하셨다. "근원이 있는 물은 콸콸 솟아나 밤낮으로 쉼 없이 흘러, 가는 앞길에 웅덩이가 있으면, 그것을 가득 채우고 나서 또 앞으로 나아가, 마침내 사해四海에 이릅니다. 본원本源이 있는 것은 모두 이와 같이 결코 다함이 없습니다. (후략)"(고바야시 가쓴도, 하, 79~80쪽)

이 말과 앞서 인용한 공자의 '천상지탄川上之歎' 사이에는 도저히 건너뛸 수 없는 심연이 있는 게 아닐까.

공자의 경우는 어디까지나 자기 눈앞의 지각상에서 출발하고 있다. 자기 눈앞에 냇물이 흐르고 있다. 도도하게 흐르고 있는지, 세차게 흐르고 있는지는 알 수 없다. 하지만 눈앞에 물이 있다. 그리고 그 지각상의 의미를 공자는 언어로 발하여 중얼거렸다.

이에 비해 맹자는 물의 **원리**를 말하고 있다. 지각상에 뿌리를 둔 말이 아니다. 공자와 마찬가지로 '불사주야不舍晝夜'라는 말을 사용하고 있지만, 맹자의 경우는 물의 움직임이 시간의 진행과 완전히 동시에 이루어지고(synchronize) 있음을 말하고 있다. 물은 우주의 시간 및 천하의 공간에 빠짐없이 골고루 미치고, 끊임없이 순환적으로 운동하고 있다. 더구나 그 물에는 근원이 있다. 하나의 근원에서 나와 구석구석 빠짐없이 우주를 채우고 있다.

여기에는 도가적 세계관이 반영되어 있다고 보아도 좋으리라. 굳이 도가로 한정할 것 없이, 중국에서 등장한 보편적 세계관, 즉 〈범령론〉적 자연관에 뿌리를 두고 있다 해도 좋다. 하지만 공자에게는 아직 이러한 세계관이 없다.

맹자는 또 자신의 성선설에 관해서도 물의 비유를 사용했다. '성性(사람의 본성)에는 선도 악도 없다. 왜냐하면 물은 동쪽으로도 흐르고 서쪽으로도 흐르는데, 그것과 마찬가지이기 때문이다'라고 여긴 고자와 달리, 맹자는 다음과 같이 말한다.

㊞ 맹자 가로되, 물은 참으로 동서를 구분함이 없으나, 상하를 구분하는 것도 없을까. 사람의 성이 선한 것은 마치 물이 아래로 흐르는 것과 같다. 사람이 선하지 않음이 있지 않고, 물이 아래로 흐르지 않는 경우가 없다. (후략) (『맹자』「고자告子 상」)

㊞ 孟子曰, 水信無分於東西, 無分於上下乎. 人性之善也, 猶水之

就下也. 人無有不善, 水無有不下. …

(역) 맹자께서 말씀하셨다. "분명 물이 동쪽으로 흐르는지 서쪽으로 흐르는지 하는 구별이 없는 것은 사실이지만, 그러나 높은 쪽으로 흐르느냐 낮은 쪽으로 흐르느냐 하는 구별마저 없을 수 있을까(설마 그런 일은 없을 것이다). 인간의 본성이 원래 선하다는 것은 마치 물이 본래 낮은 쪽으로 흐르는 것과 같은 것이다. (후략)"(고바야시 가쓴도, 하, 220~221쪽)

'인간의 본성은 본래 선하다'는 것을 말하면서 도도하게 흐르는 물의 비유를 사용하고 있다. 이것도 물의 지각상이 아니라 그 원리를 말하고 있다. 수사법으로 보면, 고자가 물의 비유를 들고나온 것에 대응하여 맹자도 물의 비유로 말한 것인데, 둘의 대화에서 거꾸로, 이 시대가 되면, 물이라는 것이 천하의 보편성을 드러내는 데 흔히 사용되었음을 알 수 있다. 또한 맹자는 물을 '인간이라는 존재가 보편적으로 갖추고 있는 선한 본성'을 입증하기 위해 사용하고 있다. 시대는 명백히 〈범령론〉이 흘러넘치고 있음을 보여주고 있었던 것이다.

『논어』의 어느 대목을 보더라도, 공자는 이러한 말투를 쓰지 않는다는 사실에 우리는 최대한 주의를 기울여야 한다. 공자는 말하지 않았지만 맹자가 처음으로 말한 것은 무엇인지를 정확히 파악하면, 거꾸로 공자라는 인물이 선 자리가 명확히 부각된다.

맹자가 치수治水와 홍수를 종종 언급한 것도 천하의 보편성을 중요하게 여겼기 때문이다. 고대에 치수의 업적을 올린 이는 우禹이므로, 당연히 우에 대한 언급이 많다.

(훈) 맹자 가로되, (중략) 우가 물을 다스린 것은 물을 이끌었던 것
(導)이다. 이런 까닭에 우는 사해를 골(壑)로 삼았으나, 지금 오자
는 인국을 골(壑)로 삼는다. 물이 역행하는 것을 강수라 이른다.
강수란 홍수이다. 인인이 미워하는 바이다. (후략) (『맹자』 「고자
하」)

(원) 孟子曰, … 禹之治水, 水之道也. 是故禹以四海爲壑. 今吾子以
鄰國爲壑. 水逆行, 謂之洚水. 洚水者洪水也. 仁人之所惡也. …

(역) 맹자께서 말씀하셨다. "(중략) 우의 치수는 물이 흐르는 길에
따라, 아주 자연스럽게 인도한 것이다. 그러므로 우는 사방의 바다
를 골짜기(물을 받아들여 정리하는 곳)로 삼아 그곳에 물을 흘러들
게 했다. 그런데 자네는 [괘씸하게도] 이웃나라를 골짜기로 여기고,
그곳에 흘려보냈을 뿐이다. 대저 물이 역행하여 범람하는 것을 강
수라 하는데, 강수는 요샛말로 하면 홍수지. 홍수야말로 어진 이가
가장 미워하는 것이다. (후략) (고바야시 가쓴도, 하, 306~307쪽)

구약성서를 들 것까지도 없이, 홍수의 기억은 보편적 세계관을 구축
하는 입장에서 중요한 요소이다. 지상의 모든 것을 감싸안는 물의 이미
지는 '세계 전체를 끌어안는 영성이나 권력'이라는 발상과 매우 가깝기
때문이다.

거꾸로 일본의 히라타 아쓰타네*는 일본과 조선의 고사故事에 홍수에 대한 기록이 없는 점에서, 일본과 조선은 중국이나 서양보다 높은 장소에 있다고 보았고, 그 반反보편성 즉 특수성을 일본이 가진 우수성의 근거로 삼았다.(『영靈의 참된 기둥』)

다만 이것 역시 홍수는 보편적 권력과 친화력이 있다는 인식의 반증이라 하겠다.

2. 그뒤의 중국사상

공자와는 이질적인 세계관

공자가 죽은 뒤 전국시대를 거쳐 진·한秦漢 통일제국이 탄생하기까지 수백 년간, 공자의 사상은 오해되고 곡해당하고 비판받고 부정당했으며, 타도의 대상이고 웃음거리였을 뿐만 아니라 이리저리 걷어차이며 멸시당했다.

우선 그런 움직임은 벌써 제자들 사이에서 시작되었다.

『논어』의 독자가 늘 위화감을 가지는 것은 책 첫머리의 "배우고 때로 익힌다……"는 유장하면서도 인의 본질을 적확하게 이야기하는 훌륭한

---

* 1776~1843. 에도 후기의 국학자國學者로, 모토오리 노리나가의 고도정신古道精神을 확대·강화하고, 복고신도復古神道를 고취하여, 막말幕末의 존왕양이尊王攘夷 운동에 영향을 주었다.

말 뒤에, 왜 다음과 같은 **시답잖은** 말이 나오는가 하는 편집의도에 대한 의문 때문이다.

㊃ 유자 가로되, 그 사람됨이 효제하면서 윗사람을 범하기를 좋아하는 자는 드물다. 윗사람을 범하기를 좋아하지 않으면서 난을 일으키기를 좋아하는 자는 아직 있은 적이 없다. 군자는 뿌리를 힘쓴다. 뿌리가 서고서야 도가 생한다. 효제라는 것은 아마도 인의 뿌리일 것이다.(「학이」)

㊅ 有子曰, 其爲人也孝弟而好犯上者, 鮮矣. 不好犯上而好作亂者, 未之有也. 君子務本, 本立而道生. 孝弟也者, 其爲仁之本與.

㊈ 유자가 말했다. "그 사람됨이 효성스럽고 공손하면서, 윗사람에게 거스르기를 좋아하는 이는 거의 없다. 윗사람에게 거스르기를 좋아하지 않는데, 난을 일으키기를 좋아하는 이는 더욱 없다. 군자는 근본에 힘쓴다. 근본이 정해져야 비로소 〔나아가야 할〕 길도 확실해진다. 효제야말로 인덕仁德의 근본일 것이다."(가나야, 20~21쪽)

유자는 용모가 공자와 닮았다고 하는 제자이다. 그래서 공자가 죽은 뒤 유자를 학단의 후계 리더로 추대하려는 세력이 있었다. 이것 역시 지각상을 중시한 공자 학단다운 움직임이었다고 말할 수는 있다.

하지만 유자의 사상은 공자와 별로 닮은 점이 없다. 공자 역시 상하질서에 엄격했기 때문에, 저 유자의 생각이 전면적으로 반공자적이었다고 말할 수는 없다. 그러나 유자의 저 말은 공자에 비하면 너무 경직화된, 질서지향의 결정체이다. 여기에서는 효제의 정도에 따라 〈생명〉의 빛남을 인정하는 것이 아니라, 효제를 질서유지라는 목적을 위한 수단으로 삼아버린다. 그리고 인은 여기에서 그런 고정화된 질서의 도덕으로 여겨지고 만다.

『논어』의 개권 두번째에 이 장이 놓임으로써, 『논어』는 딱딱하고 융통성 없는 도덕 설교집'이라는 강한 이미지가 형성된 것은 어쩔 도리 없는 일이라 하겠다.

참으로 딱딱하기 그지없는 장이 개권 두번째 장에 놓인 것은, 앞에서도 말했듯이, 유자를 학단의 후계자로 추대하려 한 세력이 있었기 때문일 것이다. 하지만 그 밖에도 다음과 같은 중요한 이유가 있었다.

공자가 죽은 뒤, 제자들의 취직상황은 양호했다. 초기부터 공자를 수행했던 제자들이 출처진퇴에 애를 먹었던 것과는 달리, 공자 학단의 평판은 높아졌고, 많은 제자들이 글로벌한 세계에서 활약하게 되었던 것이다.

고용주가 그들이 취직할 때 요구한 것은 '질서유지 기법'이었다. 글로벌한 하극상에 위협을 받던 세력, 그리고 스스로 글로벌한 하극상을 통해 갑자기 신분이 상승한 뒤 제 지위를 아랫사람에게 위협당하고 있던 세력이 공자의 제자들을 고용하고 싶어했다. 그리고 그런 요망에 응답한 것이 앞서 인용한 유자의 말이다. 따라서 유자의 저 말은 공자의 사상과는 다르지만, 공자 학단이 폭넓게 세력을 확장하던 시기에 글로벌 사회에서 그 힘을 발휘한 테제이다. 바로 그렇기에 『논어』라는 책을 편찬한 과정에서 매우 중시되었다. 언어 자체는 분명 범용하지만, 유가의 세력을 확대하는 데는 매우 중요한 슬로건이었던 것이다. 한낱 '시답잖은' 말은 아니었다.

그 밖에도 저 장이 중요한 이유가 몇 가지 더 있다.

하나는 '군자무본君子務本, 본립이도생本立而道生(군자는 근본에 힘쓴다, 근본이 정해져야 비로소 〔나아가야 할〕 길도 확실해진다)'는 말이다. 이것은 유자가 활동할 당시에 대두한 원시도가, 그리고 『논어』를 편찬할 시기에는 이미 노자·장자가 등장하여 강대한 세력을 이루고 있었던 도가에 대항하기 위한 말이다. 도가는 '도'를 궁극의 존재로 여기는 〈범령론〉 세력이었다. 만물은 도에서 생겨나 도로 돌아간다. 도는 선험적인 존재이고, 모든 것이 생겨나기 전부터 도가 있다. 그에 비해 공자는 도가 선험적인 것이 아니라고 생각했다. 어디까지나 사람이 밟고 다녀서 생기는 것이다. 철저하게 공동체적이고, 공동주관적이며, 〈애니미즘=소울리즘〉적이다. 유자의 말은 공자의 그러한 생각을 계승하고 있다. 그리고 도가에 대항하고 있다.

또하나는 가나야 오사무가 고주를 따라 '효제라는 것은 아마도 인의 뿌리일 것이다'라고 훈독한 '효제야자孝弟也者, 기위인지본여其爲仁之本與'라는 말이다. 이 문장은 또다른 독법이 있다. 주자의 신주에서는 '효제라는 것은 인을 하는 근본이구나'라고 읽는다. 왜 주자학에서는 그렇게 읽느냐 하면(실제로는 정자의 생각), '효제'는 인의예지라는 네 가지 리와 같은 레벨의 도덕은 아니었기 때문이다. 인간의 성에 내재해 있는 네 가지 리는 최고의 도덕이다. 이것은 다른 덕목, 예컨대 효·제·충 같은 것보다 더 높은 차원에 있다. 그러므로 '효제가 인의 근본이다'라고 말하면 본말이 뒤집혀버린다. 이 대목은 마땅히 '효제에 힘쓰는 것에서 시작하여 인을 행할 수 있다' 즉 '인을 행하는 근본으로서 효제가 있다'고 봐야 한다. 인은 본성인 데 비해, 효제는 그 작용이기 때문이다. 이것이 주자 주의 내용이다.

유자의 말은 주자학의 독법을 따라 읽는 게 좋다. 인은 〈사이에서 드러나는 생명〉이기 때문에, 그 근본이 효제라고 말하면 이상하다. 효제라는 행동을 통해, 인이라는 〈사이의 생명〉이 드러나는 것이다. 다만 이 장을 주자학의 독법에 따라 읽는 게 좋다고 말한다 해서, 주자학의 세계관이 공자의 그것과 같다는 말은 아니다. 공자에게 인은 우주의 도덕성으로서의 리도 아니고, 인간에 내재하는 성도 아니다.

진한 통일제국의 탄생 이전

공자가 죽은 뒤 전국시대를 거쳐 진한제국이 성립되는 시기에 이르기까지, 공자의 세계관 즉 〈애니미즘=소울리즘〉은 변형을 겪었다.

어떤 식으로 변형되었는가 하면, 〈범령론〉적으로 변형되었다.

그때 중요한 키워드가 된 것은 '지각상'이다. 본래 기독교·이슬람·불교에서 그러했던 것처럼, 보편적인 종교적 생명관(〈제2의 생명〉)을 신봉하는 패러다임에서는 개별적인 지각 및 지각상에 대한 생명론적 공포·멸시가 일어난다. 우상숭배 금지도 보편적인 존재나 가치가 개별적이고 특정한 지각상에 수렴되어버리는 사태를 극도로 혐오하는 감정에 바탕을 두고 있다.

중국사상에서도 마찬가지였다. 〈범령론〉적 세력은 지각상을 혐오하고 멸시했다. 절대적인 존재와 보편적인 존재를 믿는 〈범령론〉과, 개별적인 것에 대한 감성을 중시하는 〈애니미즘=소울리즘〉의 세계관은 지각상을 둘러싸고도 날카롭게 대립했다.

그것은 『노자』를 보면 가장 명확하게 서술되어 있다. 노자가 얼마나 구체적이고 특정한 지각상을 혐오했는지를 보여주는 문장은 일일이 다 거론하기 힘들 만큼 많다. 노자·장자의 도가에 공통되는 것은 지각 및 지각상에 대한 공포이다.

유교에서도 공자에게는 없었던 지각상에 대한 공포가 나중 시대가 되면 명확하게 출현한다. 그 대표적인 사례가 『예기』이다.

무슨 말인지 여기에서 살펴보자.

본래 공자에게 '예'는 인을 빛내기 위한 법칙성이었다. 인은 우연적인 성질이 있기 때문에, 그 우연성에 완전히 맡겨버리면 공동체의 질서가 성립되지 않는다. 그래서 〈제3의 생명〉으로서의 인을 컨트롤하고 확실성을 높이기 위해 예를 배우는 것이 필요했다. 이런 의미에서 '인과 예'는 상호 보완적인 동시에 상호 견제하는 관계에 있었다.

하지만 공자가 죽은 뒤, 예의 규범성을 고정화하고 기호화하는 세력이 출현했다. 그들은 기호화된 예의 절대성을 주장했다. 그와 동시에 '인이란 〈생명〉이다'라는 공자의 생각은 망각되었고, 사람들은 인을 도덕이라 생각하게 되었다. '예는 규범(외재성), 인은 도덕(내재성)' 하는 식으로 인과 예가 분리되고 말았다.

『예기』는, 본래는 지각상의 집합적 통제 체계였던 예禮와, 〈범령론〉에서의 반지각상 세계관(내재성의 강조)이 합체된 것으로 볼 수 있는 책이다. "사람의 본성은 고요한데, 바깥에 존재하는 물에 감感하여 움직이는 것은 성性의 욕欲이다(人之生而靜 天之性也. 感於物而動 性之欲也)"라고 『예기』「악기樂記」편은 말한다. 바깥에 존재하는 물의 지각상 때문에 마음이 움직이는 사태에 대한 공포가 여기에 드러나 있다. 그리고 이 '지각상에 대한 공포'는 주자학에 계승되었다. 이리하여 유교에서의 '내면 중시', '마음의 내재화'가 진행된 것이다.

주자학

주자학은 남송·북송 시대에 대두하여 완성되었기 때문에 송학宋學이라고도 하고, 또 정자程子와 주자朱子의 학문이라는 의미에서 정주학程朱學이라고도 한다. 아무튼 주자라는 사람 혼자서 이 학문을 만든 것이 아니라, 북송에서부터 내려온 〈범령론〉적 경향을 띤 학문을 주자가 집대성했다.

진한제국의 형성기부터 성숙기까지 맹자 사상은 망각되었다.

그러나 당나라를 거쳐 송나라 시대가 되면서 맹자는 부활했다. 특히 송학 또는 주자학이나 정주학 등으로 불리는 학파에 이르면, 그 '유교'는 거의 맹자 쪽으로 치우치게 된다. 이 학파가 원나라 이후의 중국, 조선왕조 이후의 조선을 거의 사상적으로 지배한 사실을 고려하면, 그 시대 이후의 동아시아는 맹자의 시대였다고도 할 수 있다. 즉 공자가 망각되었던 시대라는 뜻이다.

물론 주자학에서 공자는 절대적 성인이므로, 공자나 『논어』에 대한 숭배는 절대적이다. 그러나 잊어서는 안 될 것은, 주자학에서 존숭한 공자는 『논어』에 그려진 본래의 공자와는 전혀 다른, 맹자적 세계관으로 재해석된 공자였다는 사실이다. 거기서는 공자야말로 〈범령론〉적인 우주에서의 절대적인 샤먼 같은 존재로 묘사된다. 도덕적으로 한 점의 흠도 없는, 그저 오로지 완벽하고 거룩한 인격자로 해석된다.

본서에서 보아온 것처럼, 공자는 그러한 도덕적 완성자가 아니었다. 인이라는 〈사이의 생명〉을 가장 중요하게 여긴, 〈생명〉의 철학자였다.

3. 일본의 경우

에도시대의 『논어』와 인

일본에서는 『논어』를 어떻게 해석했을까.

여기에서는 생명관이라는 관점에서 생각해보기로 한다.

하야시 라잔(1583~1657)은 일본에 주자학을 정착시킨 거유巨儒이지만, 그 학설은 독창성이 없고 선유先儒가 한 말을 부연한 것에 불과하다고들 한다. 그렇긴 해도 좀더 정밀하고 자세히 살펴보면, 다른 해석이 성립될 것 같기도 하다.

확실히 하야시 라잔의 강석講釋은 주자학적 세계관의 설명에 불과하지만, 그 작업을 일본어로 했는지라 한문(중국어)으로 설명하는 것과 일본어로 설명하는 것 사이에 미세한 차이가 생겨났고, 그 차이에 얼마간 의미가 있기 때문이다.

예를 들어 주자는 "의자義者, 사지의야事之宜也(의는 일의 마땅함이다)"(『논어집주』「학이 제1」)라고 말했지만, 하야시 라잔은 "의라는 것은 (중략) 일에 따라서, 마땅함을 말하는 것이다"(「삼덕초三德抄」)라고 말한다. 말하고 있는 내용은 주자를 충실하게 번역한 것이라 해도 좋은데, 여기에는 하야시 라잔의 독창성이 없다. 그러나 '의자義者, 사지의야事之宜也'라는 중국어와 '의라는 것은 (중략) 일에 따라서, 마땅함을 말하는 것이다'라는 일본어 사이에는 역시 무시할 수 없는 미세한 간극이 존재한다. 그 간극에서 무언가 의미를 발견하는 것은 시도할 만한 작업일 것이다.

> ㉑ 두세 살 먹은 어린아이, 누가 가르친 적이 없어도, 부모를 보고 생긋 웃는 것은, 태어나면서 인을 갖추었기 때문이다.(「삼덕초」, 『일본사상대계28 후지와라 세이카/하야시 라잔』, 이와나미 서점, 1975, 178쪽)

이것은 『맹자』의 "해제지동무부지애기친자孩提之童無不知愛其親者, (중략) 친친親親, 인야仁也(손에 이끌려 다니고 품에 안기는 두세 살짜리 아이도 그 부모를 사랑할 줄 모르는 경우가 없고, (중략) 부모를 친애하는 것은 인이다)"라는 대목을 밑에 깔고 한 말이다. 하지만 『맹자』의 본문과 하야시 라잔의 문장은 미묘하게 다르다. 하야시 라잔의 글은 '두세 살 먹은 어린아이, 누가 가르친 적이 없어도, 부모를 보고 생긋 웃는 것은, 태어나면서 인을 갖추었기 때문이다'라고 말하고 있다. 즉 『맹자』에는 '그 부모를 사랑한다'라는 일반적 원리로 설명되어 있는 부분을, 하야시 라잔은 '부모를 보고 생긋 웃는'다는 구체적 동작으로 설명하고 있다. 물론 그것은 조기趙岐 및 주자의 주에서 '해제孩提'를 '어린 아이의 웃음'으로 설명하고 있는 것을 받아들인 것이지만, 하야시 라잔 쪽이 더욱 구체적이다. 이것은 〈애니미즘=소울리즘〉적인 〈제3의 생명〉에 가까운 감각이다. 공자의 방법론에 매우 가깝다. 부모와 어린아이 〈사이〉에서 '방긋 웃는' 동작이 생겨난 순간, 〈생명〉이 드러난 것이다. 하야시 라잔은 그 지각상을 중요하게 여겼다고 말할 수 있다.

물론 중국의 유자 중에서도 이런 식으로 설명한 이가 있지만, 역시 일본어로 경전을 해설할 때에 이렇게 지각상을 통해 설명하는 경우가 많다고 생각한다. 다만 그 다음의 '태어나면서 인을 갖추었기 때문이다'에서는 맹자의 철학을 답습하여 인仁을 인간에 내재하는 것으로 파악해버렸다. 말할 것도 없이 이것은 공자와는 다른 세계관이다.

나카에 도주

나카에 도주(1608~48)의 「늙은이의 문답(翁問答)」은 다음과 같이 말하고 있다.

체충体充이라는 제자가 "인간은 다양하기 때문에, 무엇이 좋고 무엇이 나쁜지 판단이 서지 않습니다. 평생 동안 지킬 만한 도는 무엇입니까" 하고 묻자 천군天君은 다음과 같이 대답했다.

㉎ 우리 사람의 몸 안에, 지덕요도至德要道라 이를 만한 천하무쌍의 보옥寶玉이 있다. 이 보물을 써서, 마음에 지키고 몸으로 행할 요령要領으로 삼는 것이다. 이 보물은 위로 천도天道에 통하고, 아래로 사해四海에 명백한 것이다. 그런 까닭에, 이 보물을 써서 오륜五倫에 어울린다면, 오륜이 모두 화목和睦하여 원망이 없을 것이다. 신명神明에 써서 제사드리면 신명이 납수納受하실 것이다. 천하를 다스린다면 천하가 태평해질 것이고, 나라를 다스린다면 나라가 다스려질 것이며, 집안을 가지런히 한다면 집안이 가지런해질 것이고, 몸에 행한다면 몸이 닦일 것이며, 마음에 지킨다면 마음이 밝아질 것이다. 미루어 넓히면 천지 바깥에 퍼지고, 잡아 거두어들이면 제 마음의 은밀한 곳에 숨을 것이다. 참으로 신묘지극神妙至極한 보옥이다. 그런 까닭에, 이 보물을 잘 지키면, 천자는 길이 사해의 부富를 보보保保하고, 제후는 길이 일국의 영화榮花를 받으며, 경대부는 그 집안을 일으키고, 사무라이는 이름을 떨치고 지위가 올라가며, 서인은 재곡財穀을 저축하여, 그 즐거움을 즐기는 법이다. 이 보물을 버리면 인간의 도가 서지 않고, 인간의 도가 서지 않을 뿐만 아니라, 천지의 도도 서지 않으며, 천지의 도뿐만 아니라, 태허太虛의 신화神化도 행해지지 않을 것이고, 태허·삼재三才·우주宇宙·귀신鬼神·조화造化·생사生死가 모두 이 보물로

써 포괄包括되는 것이다. 이 보물을 찾고 배우는 것을 유자의 학문이라 한다.(『일본사상대계29 나카에 도주』, 이와나미 서점, 1974, 22~23쪽. 옛 표기를 현재 표기법으로 고쳤다[이하 같음])

읽어보면 알 수 있듯이, 여기에서는 유교의 지덕요도(구체적으로는 효를 가리킨다)를 '보물(寶)'로 설명하고 있다. 어떤 일정한 물리적 용량을 가진 실체로서 이미지화하고 있다. 흔히 아동용 만화나 애니메이션 등에서, 그것을 갖고 있으면 전지전능한 힘을 제 것으로 만들 수 있는 '구슬'이나 '보물' 등이 나오는데, 그것과 비슷한 이미지이다. 말할 것도 없이, 공자가 말한 〈사이의 생명〉으로서의 유교의 요체하고는 완전히 동떨어진 세계관이라 할 수밖에 없다. 그러나 이러한 세계관은 중국에서 도교, 조선에서 샤머니즘, 일본에서 신도를 통해 민중에 침투하고 있었다. 역시 사람과 사람 〈사이〉, 사람과 사물 〈사이〉에서 〈생명〉이 드러난다는 〈애니미즘=소울리즘〉적 세계관은 이해되기 어려웠던 것일까.

천군의 설명에 대해 체충은 "그렇게 훌륭한 보물이라면 구하고 싶은 마음이 굴뚝같습니다만, 너무나 광대한 도라서 우리 분수에는 맞지 않습니다"라고 말했다. 그러자 천군은 다음과 같이 말했다.

㉠ 그것은 잘못된 심득心得이다. 광대하기 때문에 아인我人이 미치는 것이다. 예를 들어 일월日月의 빛은 광대하기 때문에, 눈이 있는 자 빠짐없이 쓸 수 있는 것과 같다. 이 보물도 광대하기 때문에, 귀천남녀貴賤男女를 가리지 않고, 어린아이든 노인이든, 본심本心

이 있는 사람은 빠짐없이 지켜 행할 만한 도이다. 이 보물은, 하늘에 있어서는 천도가 되고, 땅에 있어서는 지도地道가 되며, 사람에 있어서는 인도가 되는 것이다. 원래 이름은 없었지만, 중생에게 가르치게 하기 위해, 옛날의 성인, 그 광경光景을 본떠 효孝라고 이름 붙이셨다. (중략) 효는 예를 들면 밝은 거울과 같다. 마주한 것의 형태와 색깔에 따라, 거울 속의 영影은 여러 가지로 바뀌지만, 밝게 비추는 거울의 체體는 같은 것이다. 그와 같이 부자군신父子君臣의 인륜에 상교相交하는 것은 천천만만千千萬萬으로 형태가 다르겠지만, 애경愛敬의 지덕至德은 통하지 않는 바가 없다.(앞의 책, 23~24쪽)

이 대목에 와서 천군의 설명은 단숨에 〈범령론〉적으로, 즉 〈제2의 생명〉의 성격을 띠게 된다. 처음에는 영보靈寶는 개개인의 신체에 내재해 있다고 말하더니, 여기서는 천지인天地人에 빠짐없이 도道로서 편재遍在하고 있다고 말한다.

천군은 이어서 〈범령론〉적 성격을 더욱 강화해 다음과 같이 말한다.

⑩ 원래 효는 태허太虛를 가지고 전체로 삼아, 만겁萬劫을 지나도 끝도 없고 시작도 없다. 효가 없던 때가 없고, 효가 없는 것도 없다. 전효도全孝圖에서는, 태허를 효의 체단體段으로 삼고, 천지만물을 그 속의 맹아萌芽로 삼았다. 이와 같이 광대무변廣大無邊한 지덕至德이라면, 만사만물萬事萬物 속에 효의 도리가 갖추어지지 않은 것은 없다.(앞의 책, 25쪽)

여기까지 오면, 이미 〈범령론〉적 세계관의 완성형이라 해도 좋을 것이다. 중국고대에 유가와 도가가 합체한 형태로 성립된, '우주는 하나의 것으로 가득차 있다. 그것은 도덕적인 영靈이고, 만사만물에 이 영이 스며들어 있다'는 형태의 세계인식이다.

본서에서 몇 번이나 말한 것처럼, 이러한 〈범령론〉은 공자의 본래 생각과는 전혀 다른 세계관이다. 그러나 「늙은이의 문답」의 천군도 당연하다는 듯, 이 생각이 공자의 것이라 말한다. 〈범령론〉적 공자의 위력은 중국이나 조선뿐만 아니라 일본에도(에도시대가 되면) 침투했던 것이다. 그 배경에는 역시, 불완전하긴 하지만 의사적擬似的 통일국가 같은 것이 도쿠가와 막부체제하에서 성립된 점이 크게 작용했으리라.

이시다 바이간

심학자心學者 이시다 바이간(1685~1744)은 조닌(상인계급)에게 인을 일상화하라고 가르쳤다. 그는 상인의 도덕을 말했고, 그의 강좌는 남성 조닌뿐만 아니라 부녀자도 꽤 방청했다.

㉻ 그건 그렇고 또한 불가佛家는 오계五戒 가운데 살생계殺生戒를 첫번째 계로 삼아, 물物의 목숨을 취하는 것을 단단히 경계한다. 우리 유儒는 인仁을 가지고 만물을 사랑한다. 또한 써 무익無益한 물을 죽이는 것을 경계한다. 나도 또한 무익한 물을 죽이는 것을 불쌍하게 여겨, 20년 이래 혹은 목욕하고, 세족洗足 따위를 할 때면

흙 속이나 개천 등에 땅벌레 따위가 있음을 생각하고, 목욕하거나 세족할 때 쓰는 뜨거운 물 따위에 물을 섞어서 벌레가 괴롭거나 죽지 않게 하여 흘려보낸다. 또한 자취自炊할 때도 뜨거운 물을 개수대로 흘려보내는 따위로 일체 벌레를 죽이는 것을 슬퍼한다. 이 일사一事는 무익한 살생이라 여기는 까닭에 대강 열에 일곱은 행할 수 있다고 생각한다. 그렇다 하더라도 이는 작고 자잘한 것이다. 보잘것없어 거론하기에 족하지 않다. 할 만한 가치가 있는 것은 일가一家가 인仁하면 일국一國이 인에 흥하는 것이다. 또한 일인一人이 탐려貪戾하면 일국이 난을 일으킴이 있으니, 마음을 바로잡아 탐하는 것을 그만두려 해도 유년幼年부터 가난한 집에 태어나, 욕欲에 물든 이 몸이고 보니 이 구염舊染을 씻기 어렵고, 탐하는 것은 난을 베푸는 근본임을 알면서도 떠나기를 얻기 어려우니 이것이야말로 불인不仁이라 할 만하다. 내 입장에서 관인寬仁한 사람을 보면 멀구나, 어렵구나. 안연은 극기克己하여 귀례歸禮했는데, 나는 그저 다만 자취自炊를 하면서 욕심이 생기지 않도록 하려는 뜻을 가지고, 나처럼 유약한 자는 이와 같이 하면 스스로 무욕無欲하게 되어 조금은 세계의 마음을 돕는 방편이라도 되지 않을까 생각한다. 그런 까닭에 내가 자취自炊를 하는 것은 나에게 상응相應하는 인을 행하는 근본이 될 것이다. 내 형편에 맞는 이런 것을 가지고 세상에 인을 행하는 근본이 될 것이라 말하는 것은 무리한 말이라 하여 웃음거리가 될지도 모르겠다. 그렇다 하더라도 그저 가르치고 싶다고 생각하여 일야조석日夜朝夕으로 가슴앓이를 했다. 내게는 충효가 없지만 타인의 불충과 불효를 보고 고치고 싶다고 생각하는 것은, 구부러진 국자를 가지고 직선을 긋는 도구로 삼는 것과 아주 닮았다.* 대성大聖 공자도 '조수불가여동군鳥獸不可與同群, 오비사인지도여이수여吾非斯人之徒與而誰與, 천하유도天下有道, 구불여역야丘不與易也(날짐승과 들짐승은 더불어 무리를 함께할 수 없으니, 내가 이 사람의 무리와 함께하지 않고 누구와 함께하겠는가. 천하에 도가 있다면 나 또한 바꾸려 하지 않을 것이다)'라고 말씀하셨다. 공자는 원만圓滿한 인덕仁德을 가지고서 말씀하셨다. 나 또한 구부러진 국자를 가지고 다른 사람의 구부러짐을 바로잡으려 함은, 천장에서 눈약을 넣는 것보다 어려울 것이다. 비유하여 말하자면, 하나로 충분한 모가지에 또하나의 모가지를 구하여 병이 되는 것과 다르지 않으려나. 대덕大德의 사람은 인을 행하여 안락安樂함을 이룬다. 나는 또한 대병大病을 괴로워한다. 이것을 가지고 인을 행하는 근본으로 삼아야 할 것인가. 이상하구나, 어리석구나.(「이시다 선생 어록」, 『일본의 명저 18』, 주오코론샤, 1972, 306~307쪽)

---

* '구부러진 국자를 가지고 직선을 긋는 도구로 삼는 것'이라 번역한 대목의 원문은 '杓子を定木にするというたとえ'이다. '杓子を定木にする'는 구부러진 국자를 조기定木(선을 그리거나, 또는 한 물건을 재단할 때에 대고 사용하는 도구. 삼각자·운형자·티자, 또는 직각자·사각자 따위) 대용으로 삼는 것을 가리키며, 융통성 없는 방식이나 태도를 빗대는 말이다.

여기에서 말하는 것은, 인이라는 말 자체는 유교에서 빌려왔지만, 그 내용은 불교나 도가나 통속도덕 따위의 요소를 많이 담고 있어, 유교 이념의 뾰족함을 완전히 제거하여 서민의 세계관에 가능한 한 합치하게 만든 이야기이다. 여기에는 자기의 뜻이 성실(誠)하고 마음이 바르면, 집안이나 나라나 천하가 질서를 유지한다는 주자학적 정신주의는 없다.

하지만 그 〈범령론〉적 정신주의의 결여가 오히려 공자의 인이 본래 지니고 있었던 모습으로 돌아가려는 움직임을 이루기도 했다고 볼 수 있겠다. 일상의 행주좌와行住坐臥 〈사이〉에서 우발적으로 〈생명〉이 드러난다는, 인仁의 공자적 의미가 여기에서는 아주 조금 부활한 것처럼 보이기도 한다. 물론 공자의 인 자체는 아니지만, 적어도 주자학 이후의 숨막힐 듯한 도덕주의에서는 해방되어 있다.

일본의 변질

서양에서도 요소환원주의나 에테르 따위의 보편적 물질을 가지고 세계를 설명하는 세계관은 〈애니미즘=소울리즘〉적 세계관보다 훨씬 선진적이고 철학적인 것이었다.

따라서 서양에서든 동양에서든 환원주의적인 〈범령론〉적 세계관을 훌륭한 것이라 여기고, 〈애니미즘=소울리즘〉적 세계관을 멸시하는 사태는 자연스러운 흐름이었다고 할 수 있겠다.

그러나 동아시아에서는 이것이 역사적으로 커다란 문제를 일으키게 된다.

일본의 에도시대는 표면적으로는 주자학을 받아들였지만, 일본인의 〈애니미즘=소울리즘〉적 세계관은 주자학에 의해 쉽사리 〈범령론〉적으로 바뀌지는 않았다.

조선통신사가 조선의 주자학적=〈범령론〉적 세계관을 일본인에게 리얼하게 보여주었을 때, 일본의 지식인들은 그것을 크게 동경하고 찬탄했다.

그러나 동시에 일본의 국학 계통 지식인들은 그것에 강한 위기감을 느꼈다. 에도 후기의 국학자들은 '왜 일본에는 〈애니미즘=소울리즘〉의 전통이 있는데, 경조부박한 유자들은 조선의 〈범령론〉적 세계관에 열광하는가'라고 비판했던 것이라 생각한다.

하지만 그것과는 반대로, 에도시대 말기의 천황론天皇論은 〈범령론〉적 경향이 두드러지게 강했다.

국학 계통의 〈애니미즘=소울리즘〉적 세계관이 천황을 규정하는 방식과는 반대되는 천황론이 미토학 등의 유교 계통에서 나왔고, 결국 일본에 중앙집권적 통일국가를 만들자는 운동의 중심이 된 것은 후자의 〈범령론〉적 세계관에 따른 천황론이었다.

무슨 말인가 하면, 일본에서 메이지 초기에 중앙집권적 통일국가를 만들 때, 중국이 전국시대 말기에 그러했던 것처럼, 또 조선이 조선왕조 성립기에 그러했던 것처럼, 결국은 〈애니미즘=소울리즘〉적 세계관을 버리고 〈범령론〉적 세계관에 의거하지 않을 수 없었던 것이다.

나는 이런 내용을 『주자학화하는 일본 근대』(후지와라 서점, 2012)

라는 책에 썼다. 일본의 메이지 시대 이후를, 중국이나 조선보다 늦게 주자학화를 추진한 시대였다고 파악했다. 이 시대에 일본에서는 〈애니미즘=소울리즘〉적 세계관을 멸시하고, 신도神道도 중앙집권적 국가신도로 바꾸었다. 에도시대까지는 신사神社가 〈애니미즘=소울리즘〉적 세계관의 시설이었지만, 메이지 이후에는 중앙집권적이고 〈범령론〉적 세계관의 장치로 변질되어버렸던 것이다.

메이지 이후의 일본 사상은 〈제3의 생명〉론적 입장과 〈범령론〉=〈제2의 생명〉적 입장의 싸움이었다. 전자는 모토오리 노리나가의 '모노노아와레'론에 속하는 계보이고*, 후자의 한 예는 『만엽집』적인 '마스라오부리'를 높이 평가하는 입장이다.** 메이지 이후의 일본이 급속도로 주자학화·〈범령론〉화·보편주의화되는 과정에서, 〈제3의 생명〉이 유린당하고 〈제2의 생명〉적 전통이 각광받았다. '역사적 생명'(『국체國體의 본의本義』, 1937)은 그 대표적인 예라 할 수 있다.

하지만 〈범령론〉에 심하게 침식당했다고는 해도, 일본문화야말로 여전히 〈사이의 생명〉으로서의 〈제3의 생명〉으로 차고 넘치는 '장場'이다. 우리는 이 사실을 잊지 말아야 할 것이다.

---

* 국학자國學者 모토오리 노리나가(1730~1801)는 『겐지모노가타리 다마노오구시』(『겐지모노가타리』 연구서)에서 모노가타리의 본질이 '모노노아와레'에 있다고 보는 문학관을 펼쳤다. 모노노아와레는 문학이념의 하나로, 문학이란 유교나 불교처럼 도덕적 선악이나 공리적 목적을 추구하는 데에 있지 않고 어떤 대상에 대하여 사람이 마음속으로 느끼는 심정이 자연스럽게 표출되는 것이라고 보는 사고방식을 가리킨다.
** 예컨대 국학자 가모노 마부치(1697~1769)는 유교적 사고를 부정하고 『만엽집』 같은 고전연구를 통해 고대일본인의 정신을 연구했는데, 그는 씩씩한 남성미를 내포한 '마스라오부리'를 이상적 가풍歌風이라 여겼고, 그 모델을 『만엽집』에서 찾았다.

제8장

제3의 생명

1. 〈제3의 생명〉이란 무엇인가

공자에 대한 오해

세계 역사상 공자만큼 철저하게 오해되어온 인물도 드물다.

그리고 동시에 『논어』만큼 오독되어온 책도 드물다.

동아시아 사상사를 한마디로 말한다면 '공자에 대한 오해, 『논어』에 대한 오독의 역사'였다.

물론 그 오해와 오독은 21세기인 지금도 계속되고 있다.

그렇다기보다 아무도 아직껏 그 오해와 오독을 눈치채지 못했기 때문에, 그 오해와 오독을 풀 계기가 전혀 없었다.

이것이야말로 동아시아의 비극이라 해도 좋으리라.

하지만 이 오해와 오독을 풀려면, 발상을 매우 대담하고 모험적으로 전환하지 않으면 안 된다. 이것이 본서의 기본적인 시각과 입장이었다.

과장해서 말하자면, 공자에 대한 오해, 『논어』에 대한 오독에서 해방되려면, 인류 정신사를 다시 쓰는 일로 이어지는 거대한 패러다임의 전환이 필요하다.

그 정도의 자세가 아니면, 공자와 『논어』를 올바로 이해할 수 없다.

아무튼 2천 수백 년간 줄곧 오해되고 오독되어온 인물과 책에 대한 시각을 바꾸는 일이므로, 이것은 당연히 생각보다 거대한 작업이 될 터이다.

그렇다면 그 '패러다임 전환'이란 도대체 무엇인가.

숨겨진 〈생명〉

요약해서 말하자면 이렇다.

일신교가 인류 정신사의 최고형태라고 여긴 서양인은 다음과 같이 생각했다.

인간이 의식을 갖고 나서, 아주 초기의 원시적 단계에서 나온 가장 저급한 신앙형태가 애니미즘이다. 그것이 서서히 고도의 단계로 발전하여 종교라는 체계가 되었고, 최종적 최고단계에서 일신교가 되었다.

이러한 틀에서 생각하면, 모든 것이 그렇게 보인다.

하지만 거기에서 말하는 애니미즘이란 '자연의 모든 것이 무언가의 혼·생명을 갖고 있다'는 인식형태여서, 그 '혼·생명'을 '영'으로 바꾸면, 이것은 〈범령론〉이 된다. 즉 일신교에서 본 애니미즘이란, 본질적으로 〈범령론〉과 같은 유형의 세계관이다. 그리고 그 연장선상에 일신교가 있다.

정리하자면, 이른바 애니미즘과 〈범령론〉, 일신교는 모두 같은 유형의 인식형태이다. 그것은 세계 혹은 우주가 모두 하나의 비물질적인 무언가(혼이나 영이나 신)에 의해 생겼다고 보는 인식이다. 서양에서는 기독교나 신플라톤주의나 스피노자나 대륙의 관념론 등이 모두 이 범주에 들어간다.

본서에서는 그것을 〈제2의 생명〉이라 불렀다.

〈제1의 생명〉은 생물학적·육체적 생명이다. 일상에서 우리가 생명이나 목숨 등이라 말할 때는 보통 이 〈제1의 생명〉을 가리킨다. 인간과 동물과 벌레 등은 생명을 가지고 있다. 이것은 생물학적 생명이다. 몸에 강한 물리적 타격이 가해지거나, 치명적인 병에 걸리면 〈제1의 생명〉은 파괴되어 죽어버린다.

그러나 인간은 〈제1의 생명〉의 덧없음을 견딜 수 없었다.

그래서 그 덧없음을 견디고 그것에서 도망치기 위해 종교적인 〈제2의 생명〉이라는 환상을 창조했다. 여러 종교에서 생명은 육체에만 깃드는 것이 아니라고 가르친다. 육체가 멸한 뒤에도 혼은 살아 있다고 믿는 사람들이 많다. 기독교에서는 부모에게 받은 육체적 생명이 아니라, 신이 내려주신 영의 목숨이야말로 영원히 산다고 가르친다. 이러한 종교 가르침에 기대어 인류는 생의 덧없음을 견뎌왔다.

하지만 〈생명〉은 실은 그 두 종류가 아니었다.

또하나 숨겨진 〈생명〉이 세계에는 존재한다.

〈제3의 생명〉

우리는 눈치채고 있다.

이 세상에는 생물 교과서나 종교 경전에서 가르치는 것과는 다른, 전혀 이질적인 생명이 있다는 사실을.

그것은 생명인지 생명이 아닌지 잘 알 수 없는 생명이다. 아무렇지 않은 일상 속에서 순간적으로 '아, 생명!'이라 생각할 때 드러나는 생명이다. 예술작품에서 힘을 느낄 때, 거기서 탄생하는 생명이다.

이러한 생명을 〈제1의 생명〉, 〈제2의 생명〉과 구별하여 〈제3의 생명〉

이라 불러보기로 한다. 우리는 평소에 별로 유념하지 않지만, 사실 우리 인생은 이 〈제3의 생명〉으로 가득하고, 〈제3의 생명〉 없이는 살기 어렵다는 사실을 눈치챌 수 있다. 그래서 본서에서는 〈제3의 생명〉을 기본으로 하는 세계관을 〈 〉를 붙인 〈애니미즘〉 또는 〈소울리즘〉이라 부르기로 했었다.

공자와 『논어』를 〈제3의 생명〉이라는 개념으로 재해석해보면, 지금까지 2천 년 이상에 걸쳐 의미가 명확하지 않았던 언어를 조금씩 이해할 수 있게 된다. 물론 그것은 2천 년도 더 된 오래전의 언어이므로 '완전히 이해한다'는 따위의 오만한 생각은 하지 않는 게 좋다. 다만 여태까지 해왔던 것처럼 〈범령론〉적으로 해석해서는 전혀 의미를 알 수 없었던 것의 의미가 어슴푸레하게나마 다가올 것이다.

그것이 본서에서 말하고 싶은 것이었다.

2. 시와 〈생명〉

시의 세계관

동아시아에는 크게 보아서 〈애니미즘=소울리즘〉적 세계관과 샤머니즘적 세계관이 있었다. 그 가운데 후자 즉 샤머니즘적 세계관은 노장老莊이나 맹자 무렵부터 세련된 〈범령론〉적 세계관의 성격을 띠었고, 전국시대 말기부터 한제국이 성립하는 시기에 걸쳐 체계화되어 중국사상의 주류가 되었다. 그러나 『논어』에 짙게 남아 있던 공자의 〈애니미즘=소울리즘〉적 세계관은 그뒤 거의 망각되어버려, 중국과 조선 사상사의 주류에서 거의 사라지고 말았다.

일본에서는 신도나 다양한 예술에 〈애니미즘=소울리즘〉 전통이 짙게 남아 있어, 중국이나 조선의 사상·문화·예술과 매우 다른 특색을 드러내게 되었다. 그러나 동아시아에서 선진적이고 보편적인 사상이었던 〈범령론〉적 세계관에서 보면, 〈애니미즘=소울리즘〉적 세계관은 극히 원시적이고 미개한 것으로 보였기 때문에, 전자가 후자를 멸시하는 구도가 굳어졌다.

예를 들어 시라는 예술 하나를 보더라도, 중국·조선과 일본은 세계관이 전혀 다르다.

한국에서 일본의 하이쿠를 연구하는 학자가 있는데, 그녀는 '나는 벌써 몇십 년이나 하이쿠를 연구하고 있지만, 그 매력을 스스로 느끼는 것이 처음에는 사실 어려웠다'고 말했다. 자기는 한국인이기 때문에, 시라고 하면 한국시가 좋았다. 한국시는 시조부터 현대시에 이르기까지 제 마음을 노래하는 것이다. 그런데 하이쿠는 그렇지 않다. 마음을 노래하지 않는 시라는 건 역시 이해하기 어려웠다.

하이쿠는 절대로 마음을 노래하지 않는다. 예를 들어 다음과 같은 하이쿠의 세계관을 한국인이 이해하기란 매우 곤란하다.

오래된 연못 개구리 뛰어드는 물소리 퐁당 (마쓰오 바쇼)
감을 먹으면 종소리 들려오는 법륭사 범종 (마사오카 시키)

계절을 나타내는 말이 반드시 들어가야 하고, 마음을 노래해서는 안 된다. 그리고 겨우 17음절이다. 이런 것을 시라고 부르는 것 자체가 중국이나 조선의 전통에서 보면 매우 비상식적인 일이리라.

'마음을 노래한다'는 것은 무엇일까. 그것은 제 마음이 자기 몸의 틀을 뛰어넘어 공동체로, 사회로, 세계로, 마침내는 우주까지 확장되어간다는 사고방식이다. 왜 그러한 것이 가능할까. 그것은 내 마음도 이 우주도 똑같이 기氣라는 매질로 이루어져 있기 때문이다. 기가 모종의 방식으로 움직임으로써 '감심感心'하는 작용을 한다. 그럼으로써 타자나 삼라만상과 자기의 마음이 같이 움직일 수 있다. 그것이 우주적인 감각으로 아름다움을 빚어내는 것이다.

이것이 〈범령론〉적인 시의 사고이다.

그러나 〈애니미즘=소울리즘〉적인 시의 사고는 그렇지 않다.

그 전형은 사서오경四書五經의 오경 중 하나에 들어가는 『시경』이라 할 수 있으리라. 주자학의 해석에서는 『시경』을 매우 〈범령론〉적으로 파악하지만, 본래는 〈애니미즘=소울리즘〉적 세계관이 담긴 텍스트였다. 공자가 시를 특히 중시한 것은 이것이 〈제3의 생명〉의 세계를 가장 잘 드러내고 있었기 때문일 것이다.

『시경』에는 다음과 같은 서문이 붙어 있다.

치세治世의 음音이 안락한 이유는 그 정치가 순順하기 때문이고, 난세의 음에 원노怨怒한 기색이 있는 것은 그 정치가 도에 어긋나기 때문이며, 망국의 음에 슬프고 생각이 많은 것은 그 백성을 괴

롭혔기 때문이다. 그러므로 정치의 득실을 바로잡고, 천지와 귀신을 감동시키는 것은 시보다 나은 것이 없다. 선왕先王은 시를 통해 부부를 바로잡고, 효경孝敬을 이루며, 인륜을 두텁게 하고, 교화를 아름답게 하였으며, 풍속을 선으로 향하게 하였다.(메카다 마코토, 『시경』, 고단샤 학술문고, 1991, 12쪽)

그러나 이것은 『시경』에 수록된 시의 본질과는 아무 관계가 없는 말이다. 시는 〈애니미즘=소울리즘〉적인 씨족공동체·향당공동체에서 어떠한 사·물事物에 생명이 깃드는지를 언어로 전한 문헌이다.

아마도 포인트는 '천지를 움직이고, 귀신을 감동시킨다'는 말일 것이다. 이것은 〈범령론〉적 세계관이다. 제 마음의 기가 천지나 귀신의 기와 서로 감심感心함을 말하고 있는 것이다.

그러나 〈애니미즘=소울리즘〉에서는 아마도 '천지를 움직이고, 귀신을 감동시킨다'는 세계관은 강하지 않으리라.

일본의 『고킨와카슈』 서문에서는 『시경』을 모방하여 "힘을 들이지 않고도 하늘과 땅을 움직이고, 귀에 보이지 않는 귀신도 슬퍼하게 만드는" 와카(일본 노래)의 힘에 대해 말하고 있다. 그러나 이것은 〈범령론〉적인 의미가 아니다. 즉 사람의 마음과 자연과 사회 사이에 '기' 따위의 보편적인 '영적 물질'이 공유되어 있고, 그것이 감응感應하여 공진共振한다는 철학적인 의미는 여기에 없다.

그런 뜻이 아니라, 와카의 세계관은 어떤 꽃이나 달이나 낙엽을 보는 사람들이 공동주관적으로 거기에서 무언가의 아우라를 느끼는 바로 그때, 그 꽃과 달과 낙엽에서 〈생명〉이 드러난다는, 매우 〈애니미즘=소울리즘〉적인 관점이다.

그리고 아마도 중국 『시경』에 수록된 시 또한 원초적으로는 그러한 세계관이었을 것이다. 그것이 전국시대의 시대변천과 더불어 보편적인 〈범령론〉적 세계관에 의해 해석되고 말았다고 생각한다.

3. 〈제3의 생명〉의 부활을 향하여

〈제3의 생명〉과 일본문화

어린아이가 보여주는 귀여운 몸짓, 더운 날 오후에 문득 느끼는 바람의 시원함, 꽃 한 송이가 서 있는 모습의 순결함…… 이것들은 일본문화에서는 훌륭한 〈생명〉이다.

그렇다, 일본문화는 〈제3의 생명〉에 매우 민감하다. 렌가나 하이쿠, 단가나 다도나 꽃꽂이, 이것들은 모두 단순한 표현이 아니라 〈생명〉인 것이다.

〈제3의 생명〉은 '무엇이 생명이고, 무엇이 생명이 아닌지'에 대해 일반적으로 정의내리지 않는다. 〈생명〉은 주체와 객체 사이에서 '갑자기, 우발적으로' 드러나는 것이다. 똑같은 하늘을 보아도 〈생명〉을 느끼는 사람과 느끼지 않는 사람이 있다. 그것이 〈제3의 생명〉이다.

〈제1의 생명〉은 물질적 생명, 개별적 생명이다. 〈제2의 생명〉은 정신적 생명, 보편적 생명이다. 그러나 〈제3의 생명〉은 미적美的 생명, 〈사이〉의 성격을 띤 생명이라 할 수 있겠다.

일본문화의 정수는 이 〈제3의 생명〉에 있다. 왜냐하면 일본문화야말로 〈제3의 생명〉을 가장 민감하게 알아차리고, 일상 자체를 아름다움과 〈생명〉 자체로 만들려고 '의식하고 지향해(意志)'왔기 때문이다.

그러므로 『논어』의 본래 모습을 가장 잘 이해할 수 있는 것도 아마도 일본인일 것이다. 〈범령론〉적 공자가 아니라, 〈제3의 생명〉이 어느 한순간에 드러나는 것을 가장 소중하게 여기는 공자의 세계관은 와카나 하이쿠의 세계관과 상통하는 데가 있기 때문이다. 영원성과 보편성과 이념성에서 멀리 떨어져 있는 공자의 인仁을, 〈범령론〉에서는 영원하고 불변하며 이념적인 것으로 파악해버렸다. 거기에 모든 오류가 깃들어 있다.

공자에서 조지 해리슨으로

이 세계에는 〈사이의 생명〉이라는 것이 있다는 사실을 알아차린 이가 공자였다.

그러나 그 알아차림은 공자 혼자만의 것이 아니었다. 실은 인류의 역사 속에서 〈제3의 생명〉에 대한 알아차림은 매우 중요한 것이었다. 모토오리 노리나가의 '모노노아와레'나 벤야민의 '아우라'도 〈제3의 생명〉이다. 본래 서양 근대소설이라는 형식도 그 이전의 기독교적인 〈범령론〉 일변도였던 인간 파악에 맞서 〈제3의 생명〉적으로 인간을 파악하자고 반기를 든 것이었다. 근대소설은 일상생활의 한순간 한순간, 사랑하는 사람의 하나하나의 몸짓을 왜 그렇듯 자세히 묘사했는가. 그것은 신이 창조한 디테일이 아니라, 사람과 사람 〈사이〉에서 드러나는 덧없는 순간적인 〈생명〉이었다. 그리고 인간은 신에 의해서가 아니라, 그 〈사이의 생명〉에 의해 살 수도 있는 존재임을 보여주려 했던 것이다. 이 것을 나는 제임스 조이스나 윌리엄 포크너, 알베르 카뮈, 샐린저 등의 작품을 분석하여 명확하게 보여주려 하는데, 그것은 다른 책에서 이루 어질 작업이다.

본서를 마치는 자리인 여기에서는 팝송 세계에서 〈제3의 생명〉의 예를 들기로 한다. 비틀즈의 멤버였던 조지 해리슨이 만든 곡 'Something' (1969)이다.

프랭크 시나트라는 이 곡을 '20세기 최고의 러브 송'이라 불렀다. 그 이유는 가사의 '새로움'에 있을 것이다. 여기에서 노래한 세계는 이전의 대중음악 세계에 흘러넘치던 '개인'이나 '자아'하고는 다르다. 이전의 러 브 송은 'I love you', 'She loves you'라는 '주체─객체'의 형식이었다. 그러나 조지 해리슨의 곡 'Something'에서는 'I'나 'you' 혹은 'he'나 'she'가 아니라, 나와 그녀 사이에 드러나는 'something(무언가)'이 주역 이다. 이것이야말로 〈제3의 생명〉인 것이다.

Something in the way she moves

attracts me like no other lover

(그녀가 움직이는 방식이 드러내는 '무언가'가,

다른 어떤 여성보다도 나를 끌어당긴다)

'Something'은 자아와 자아 〈사이〉에서 우발적으로 드러난다. 그것은 이름을 붙일 방법도, 파악할 도리도 없는 것, 그래서 'something'이다.

그녀의 움직임 중 무언가가 나를 사로잡는다. 그것은 다른 사람의 움직임에는 없는 무언가다. 그것이 바로 〈사이의 생명〉일 것이다.

비틀즈 멤버 중에서는 폴 매카트니가 〈제1의 생명〉적 세계관을 가장 강하게 가지고 있었다. 그의 경우는 기본적으로 'She loves you'라는 '자아의 형식'을 따르고 있다. 그리고 존 레넌은 〈제2의 생명〉에 제일 가까웠다. 이 우주나 세계를 보편적인 사랑이나 생명이 가득 채우고 있다는 세계관을 강하게 가지고 있었다. 인도나 동양의 정신세계와 깊이 관계를 맺은 뒤로는 특히 그런 경향이 두드러졌다. 그의 'Across the Universe'(1969)나 'Imagine'(1971)은 명확히 〈범령론〉적인 곡이다.

'Something'에서 〈제3의 생명〉을 노래한 조지 해리슨은 이 시점에서 명백히 공자와 이어져 있었다.

하지만 그는 그뒤 〈제3의 생명〉에서 멀어져버린다. 그도 역시 인도의 정신에 감화되고, 〈범령론〉의 수렁으로 빠져들고 말았던 것이다. 'My Sweet Lord'(1970)나 'Give Me Love'(1973)는 〈제3의 생명〉을 버리고 〈범령론〉으로 귀의했음을 표명한 안쓰러운 기록이다.

'가장 소중한 〈생명〉은 지각상에 있다'는 사고는 영적인(spiritual) 유혹 앞에서 가냘픈 촛불처럼 격심하게 흔들린다. 그러나 이 세상에 있는 '또하나의 〈생명〉'이 발하는 불꽃을 모조리 꺼버리면 안 된다고 생각하는 것은 나뿐일까.

아니면 지금, 영적이고 보편적인 〈생명〉이 아니라, 사람과 사람 〈사이〉, 사람과 물物 〈사이〉, 물과 물 〈사이〉에서 우발적으로 드러나는 〈생명〉이 있다고 믿는 사람은 실은 많은 것일까.

모르겠다.

맺으며

『논어』는 재미있는 책인가 아닌가.

실은 많은 사람들이 이 물음에 명확히 대답할 수 없을 것이다.

21세기인 현대에 주저 없이 『논어』는 재미있다'는 따위의 이야기를 한다면, 시대착오적인 봉건주의자로 오해받기 좋을 터이다.

그러나 실제로 『논어』에 관한 책은 매년 새롭게 간행되고 있다. 현대적으로 번역되기도 하고, 자기계발이나 인생의 성공을 위해 읽을 만한 책이라는 위치를 확고하게 굳힌 것처럼 보인다.

실은 바로 이 '간극'이야말로 『논어』의 어려움일지도 모른다.

내용은 낡아빠진 유교적·봉건적인 것이 분명하다. 하지만 그것이 현대사회에서 성공하거나 자기를 실현하기 위한 지혜의 보고로도 인정받고 있다.

도대체 『논어』는 낡아빠진 책인가, 현대적인 책인가.

잘 모르겠다고 말하는 게 실정에 가까울 것이다.

그러나 이것은 특별히 현대사회에서만 일어난 문제가 아니다.

『논어』는 본래부터 잘 알 수 없는 책이었다. 무엇을 알 수 없는가 하면, 그 책이 재미있는지 재미없는지 잘 알 수 없는 것이다.

예를 들어 『논어』 「향당」 편을 펼쳐보자. 거기에 무엇이 적혀 있을까. 제6장에서 소개했던,

> ⑨ 주군이 불러서 손님을 접대하는 역할을 명하셨을 때는, 낯빛은 긴장되게, 발걸음은 가만가만 걸으셨다. 함께 〔접대하는 역할로〕 나란히 있는 사람들에게 인사하실 때는 오른쪽으로 손을 끼거나 왼쪽으로 끼거나 하셔서, 〔허리를 굽힐 때〕 옷의 앞뒤가 아름답게 흔들리며 움직였다. 종종걸음으로 나가실 때는 정확하고 늠름했다. 손님이 물러가면, 반드시 또 보고하셨다. "손님께서는 뒤돌아보지 않으셨습니다(만족해서 돌아가셨다)."(가나야, 185~186쪽)

같은 서술은 도대체 현대사회에 무슨 도움이 될까.

기업의 영업부에 속해 있는 사원이 이 대목을 읽고, 글자 그대로 마음에 깊이 새겨, 접대하는 부장님 앞에서 긴장된 낯빛을 하거나, 가만가만 걷거나 하면, 그 영업사원은 과연 출세하거나 성공할까. '××군, 젊은 사람이 『논어』를 착실히 읽었구먼. ○○상사는 과연 대단하군. 좋아, ××군의 『논어』적 태도에 반해서 이번 일은 ○○상사에 부탁하기로 함세' 같은 대화가 전개될 가능성은 거의 없다.

『논어』 「향당」 편의 다음과 같은 장은 또 어떨까.

밥은 아무리 희더라도 싫어하지 않으셨고, 회는 아무리 가늘게 썰

어도 싫어하지 않으셨다. 밥이 쉬어 맛이 변하거나, 생선이 상하고 고기에서 나쁜 냄새가 나면 드시지 않았다. 색이 변한 것도 드시지 않았고, 냄새가 고약해진 것도 드시지 않았으며, 제대로 익히지 않은 것도 드시지 않았고, 제철 음식이 아닌 것도 드시지 않았으며, 반듯하게 자르지 않은 것도 드시지 않았고, 적당한 국(물)이 없으면 드시지 않았다. 고기가 많을지라도 주식인 밥보다 더 많이 드시지 않도록 하셨고, 술을 드실 때는 정해진 양은 없었지만 흐트러질 지경까지 드시지는 않았다. 사온 술과 사온 육포는 드시지 않았고, 생강은 빠뜨리지 않고 드셨지만 많이는 드시지 않았다. 주군의 제사를 도울 때는 [받으신] 고기를 밤을 넘기지 않으셨고, 집안 제사에 쓴 고기는 사흘을 넘기지 않도록 하셨으며, 사흘을 넘기면 드시지 않았다. 드실 때는 이야기하지 않으셨고, 주무실 때도 말하지 않으셨다. 거친 밥과 야채죽과 오이 같은 것이더라도, 첫 제사를 드릴 때는 반드시 경건한 태도로 하셨다.(가나야, 192~193쪽)

펙이나 이상한 '성전聖典'이다. 이것이 중국뿐만 아니라 동아시아 세계에서 줄곧 존경받고, '최상지극最上至極 우주제일宇宙第一의 책'(이토 진사이)이라는 평까지 듣는 책의 내용이다.

설마 '당신도 공자를 배워서 가늘게 썬 회를 먹고 생강을 많이 먹지 않으면 입신출세한다'는 따위의 황당무계한 주장을 하는 '논어 관련서'는 없겠지만, 만약 『논어』가 **도움이 되는** 책이라 생각한다면, '교언영색, 드물구나 인' 같은 **알기 쉬운** 명문구名文句만을 골라뽑아서 해설할 것이 아니라, 『논어』를 통째로 전부 인정하고, '생강은 빠뜨리지 않고 드셨지만 많이는 드시지 않았다' 같은 **명문구**도 똑같이 마음에 깊이 새겨야 할 것이다(실제로 전근대 동아시아에는 그러한 사람들이 많이 있었다).

현대사회에도 통용될 것 같은 부분만을 자의적으로 골라뽑고, '그러므로 『논어』는 도움이 된다'는 식으로 말하는 것은 『논어』에 대한 모독이다. 인정할 거면 통째로 인정해보라. 재미있다면 통째로 재미있다고 말하라.

그러나 노하우 종류의 책이나 자기계발서에서는 앞에서 인용한 「향당」 같은 부분은 무시하는 게 상례이다. 마치 그런 문장이 『논어』에 있다는 사실 따위는 몰랐다는 식으로 무시해두는 것이 상책이다.

그래서는 『논어』를 읽은 게 아니다.

본서를 통해 공자의 세계관 자체에 다가섬으로써, 여태까지 『논어』 가운데 의미를 잘 알 수 없다고 여겨온 장에 대해서도 정확한 의미를 파악할 수 있지 않았을까. 또한 여태까지 별로 중요하게 다루지 않은 장에도 매우 중요한 의미가 있다는 사실도 이해할 수 있지 않았을까.

그 세계관의 핵심은 인仁이고, 〈사이의 생명〉이고, 〈제3의 생명〉이었다.

*

본서의 제1장은 나라 현에서 발행하는 잡지 『NARASIAQ』 2013년 봄호에 발표한 원고에 가필한 것이다. 편집담당 히로모토 다비토 씨(편집공학연구소)의 배려에 감사한다.

또한 본서에서의 논의, 특히 〈제3의 생명〉에 관해서는 이제까지 다양한 연구회에서 발표하고, 그때마다 매우 날카롭고 심도 있는 비판·질의·조언을 받았다. 특히 아래의 연구회에서는 실로 진지하게 논의할수 있었다. 〈제3의 생명〉이라는 꽤 엉뚱하게 들릴 법한 개념을 진지하게 받아들여주시고, 귀중한 시간을 쪼개서 논의해주셨던 아래의 분들의 호의에 이 자리를 빌려 깊이 감사하고 싶다.

• 일본과 동아시아의 미래를 생각하는 위원회(나라 현 주최) 〔2013년 8월 9일〕
마쓰오카 세이고 씨, 오사와 마사치 씨, 마치다 소호 씨, 쓰쓰이 기요타다 씨, 에버렛 브라운 씨, 고야마 도시키 씨, 다카하시 히데하루 씨
•「21세기 10년대 일본문화의 궤도수정—과거에 대한 검증과 미래에 대한 제언」 국제일본문화연구센터 이나가 시게미 반 연구회
〔2013년 8월 31일, 9월 7일〕
이나가 시게미 씨, 마쓰시마 다케시 씨, 덴니차 가브라코바 씨, 곤도 다카히로 씨
• 주후쿠 서원 〔2013년 4월 22일, 5월 21일, 6월 18일, 10월 22일〕
야자키 가쓰히코 씨, 김태창 선생, 가타오카 류 씨, 야규 마코토 씨, 우두안 씨
• 교토 산업대학 세계문제연구소 연구회 〔2013년 10월 23일〕

도고 가즈히코 씨, 모리 데쓰로 씨, 나카타니 마사노리 씨

이들 자리에서 벌어진 논의 결과는 시간상의 제약으로 인해 본서에 별로 반영하지 못했지만, 〈제3의 생명〉을 주제 삼아 다룰 예정인 다음 책에서는 충분히 응답하고자 한다.

본서는 바로 전에 낸 『입문 주자학과 양명학』에 이어, 마쓰다 다케시 씨가 편집을 맡았다. 『논어』의 세계를 완전히 새롭게 해석하려는 나의 모험을, 마쓰다 씨는 전면적으로 이해해주었다. 그 점에 깊이 감사한다.

2013년 10월 교토에서

오구라 기조

1. 이 책은 『논어』를 새롭게 볼 수 있는 해석의 틀을 제공한다. 역자는 특히 『논어』「향당鄕黨」 편을 새롭게 이해할 수 있는 힌트를 얻었다.

2. 예전에 '당신에게 고전은 어떤 의미냐'는 질문을 받고 이런 글을 쓴 적이 있다.

"제게 고전은 '곁에 두고 오래 읽으면, 읽는 자가 성장하는 만큼 깊이 보이는 책'입니다. 저는 『논어』라는 책을 읽는 데 꽤 많은 시간을 들였습니다. 대학시절에 학기중에는 한 시간, 방학중에는 두 시간씩 『사서』를 4년간 매일 읽었습니다. 『논어』를 두어 번 읽었습니다. 학교를 졸업할 무렵에 대학원 제2외국어를 한문으로 택한 선배와 함께 『논어』를 1년간 읽은 적도 있습니다. 대학을 졸업하고 우연한 계기로 들어간 기숙서당에서 『논어』 전문을 암송하기도 했습니다. 그런 인연으로 『논어』와 관련된 번역서를 한 권 내기도 했습니다. 얼추 20년간 읽은 셈입니다.

처음에는 『논어』의 말투에 끌렸습니다. 공자의 점잖은 어투, 대체로

박절하지 않게 말하는 그 온화함을 배경으로 안회가 죽었을 때나, 자로가 대들 때 폭발적으로 터져나오는 말들의 울림에 반했습니다.

서당에서 『논어』를 배울 때는, 서당 선생님(청명 임창순)의 경이로운 한국어에 반했습니다. 한문으로 읽을 때 느꼈던 뉘앙스를, 제가 상상할 수 있는 경지를 넘어서 한국어로 번역하는 사람을 만나서 매우 놀랐습니다. 운이 좋았다고 생각합니다.

일본어를 공부하다, 이토 진사이를 만났습니다. 저는 이토 진사이의 학문적 위치나 『논어』 해석학상의 가치를 평할 만큼 공부하지 못했습니다. 다만 이토 진사이의 문장들은 어떤 정서적 울림을 함장하고 있고, 그의 문장을 읽을 때면 마음이, 가슴이 따뜻해지는 순간들이 있습니다.

가끔 생각하곤 합니다. 『논어』를 좋아하는 것은, 내가 『논어』를 읽는 데 들인 시간이 헛것이 아니기를 바라는 마음에 원인이 있는 것은 아닐까 하고 말입니다. 많은 사람이 『논어』를 중요한 책이라고들 말하니 다행이라고 생각합니다. 아마 앞으로도 저는 거듭거듭 『논어』를 읽을 것 같습니다. 그리고 분에 넘치는 복이 있어 좋은 계기를 만난다면 또다른 이해에 도달할지 모르겠습니다."

'분에 넘치는 복이 있어' 이 『새로 읽는 논어』를 만났다.

3. 독자 중에 혹시 이 책이 『논어』에 관한 첫번째 책인 분이 있을 수도 있겠다 싶어 『논어』 입문서로 좋은 책 몇 종을 소개한다. 시모무라 고진이 지은 『논어』(현암사, 2003). 아무런 맥락 없이 짤막한 말들이 죽

늘어서 있는 『논어』에서, 지은이가 서로 맥락이 있을 것이라 판단한 짤막한 말들을 모은 뒤 상상력을 발휘하여 그 짤막한 말들 사이의 빈틈을 메워 스물다섯 개의 이야기로 재구성한 책이다.

『논어』는 공자와 제자들 사이에 오간 대화가 주를 이루는 책이라 공자의 생애, 제자들의 성격이나 나이, 공자와의 관계 따위를 기억해두면 『논어』를 읽는 데 도움이 된다. 『사기』의 저자 사마천이 그런 이들을 위해 정리해둔 글이 있고, 한국어 번역본이 있다. 『공자세가·중니제자열전』(예문서원, 2003). 공자의 생애, 제자들의 성격이나 나이, 공자와의 관계 따위에 대해 앞의 책보다 편안하게 읽을 수 있는 책으로, 이수태가 지은 『논어의 발견』(개정판, 바오, 2014)이 있다. 물론 만화로 된 채지충의 『공자』, 『논어』를 보는 방법도 있다.

4. 저자는, 한국어판 서문에 적혀 있듯, '젊은 시절에 8년간 한국에 살았던 경험'(1988년 3월에 서울대학교대학원 철학과 동양철학전공에 입학하여 1996년 3월까지 공부)이 있다. 저자는 2010년 이후에, 본서 말고도 『주자학화하는 일본 근대』(2012), 『입문 주자학과 양명학』(2012) 등 동양철학 전공자가 쓸 법한 책을 연이어 출간했지만, 2010년 이전에는 일본 엔에치케이 방송국에서 한국어 강좌를 몇 해 동안 담당한 적이 있고, 한국문화 전반을 다룬 책을 여러 권 출간한 한국 전문가이기도 하다. 『마음으로 아는 한국』(이와나미 서점, 2005) 후기에서 저자는 자신의 한국 관련 저서에 대해 이렇게 말한 바 있다.

"한국에 관해 내가 쓴 글에는 거칠게 말해 두 종류가 있다.

하나는 객관적이고 딱딱한 '한국 분석'. 대상이 문화든 사회든 사상이든, 내 개인적인 생각을 애써 배제하고, '한국'이라는 대상 자체에 육박해서 말하려 한다. 나로서는 『한국은 하나의 철학이다』(고단샤 현대신서, 1998)가 하나의 도달점이라 생각한다.

또하나는 매우 주관적인 '생각'을 적은 '한국 에세이'. 한국 자체라기보다, 한국을 마주한 '내'가 깊이 배어든 산문이다. 『한국, 사랑과 사상의 여행』(다이슈칸 서점, 2004)이 내가 생각하는 가장 소중한 성과이다.

본서는 딱 그 중간쯤에 있는 문장으로 이루어져 있다.

'한국 분석'이라 하기에는 너무 에세이 풍이고, '한국 에세이'라 하기에는 너무 분석적이다."

5. 역자가 처음 접한 저자의 책은 『한국은 하나의 철학이다―리理와 기氣의 사회시스템』이다. 부제에서 알 수 있듯, 리와 기라는 개념으로 한국의 사회시스템을 분석한 책이다. 저자가 4에서 말한 표현을 빌리자면, 본문은 '너무 분석적'이고 책 끝에 붙어 있는 '감사의 말'은 '너무 에세이 풍'이었다. 내 기억에 남은 문장은 본문이 아니라 책 말미에 붙어 있는 '감사의 말'이었다.

"지금도 한밤중에 혼자서 책상을 마주하고 앉아 있을 때, '한국'이라는 단어 한 마디를 중얼거리면, 속이 시끄러워 고함이라도 지르고 싶은 위태로운 심리상태에 빠진다. 눈발이 날리는 서울의 은색으로 빛나는 밤의 밑바닥을, '리'와 '난亂' 사이를 질주하려 발버둥친다.

　나는 다음과 같은 사람들에게 마음으로부터 감사드린다.

　우선, 모든 한국인. 이 사람들은 나, 언제나 고독한 늑대 같은 나라는 인간을 퍽 강인하게 만들어주었다. 8년간의 한국생활을 거쳐, 나는 강철로 된 늑대가 되었다.……"

　한국사람들이 자기들도 공부하지 않는 '동양/한국 철학'을 공부하러 온 '일본인'을 도대체 어떻게 대했길래, '고독한 늑대 같은' 사람을 '강철로 된 늑대'로 만들었을까, 그런 의문이 들었다. 이 책의 한국어판 서문은 '감사의 말'에 적혀 있는 말에 대한 내 오랜 의문을 풀어주는 멋진 대답이었다.

2016년 1월 역자

학이學而 1/ 위정爲政 2/ 팔일八佾 3/ 이인里仁 4/ 공야장公冶長 5/ 옹야雍也 6/ 술이述而 7/ 태백泰伯 8/ 자한子罕 9/ 향당鄕黨 10/ 선진先進 11/ 안연顔淵 12/ 자로子路 13/ 헌문憲問 14/ 위령공衛靈公 15/ 계씨季氏 16/ 양화陽貨 17/ 미자微子 18/ 자장子張 19/ 요왈堯曰 20

새로 읽는 논어

초판 1쇄 인쇄 2016년 4월 29일
초판 1쇄 발행 2016년 5월 9일

지은이 오구라 기조 | 옮긴이 조영렬 | 펴낸이 염현숙 | 편집인 신정민

편집 최연희 | 디자인 김마리 이주영 | 저작권 한문숙 박혜연 김지영
마케팅 방미연 최향모 함유지 | 홍보 김희숙 김상만 이천희
제작 강신은 김동욱 임현식 | 제작처 한영문화사

펴낸곳 (주)문학동네
출판등록 1993년 10월 22일 제406-2003-000045호
임프린트 교유서가

주소 10881 경기도 파주시 회동길 210
문의전화 031) 955-1935(마케팅), 031) 955-2692(편집)
팩스 031) 955-8855
전자우편 gyoyuseoga@naver.com

ISBN 978-89-546-4043-5 03140

* 이 도서의 국립중앙도서관 출판예정도서목록(CIP)은 서지정보유통지원시스템 홈페이지
  (http://seoji.nl.go.kr)와 국가자료공동목록시스템(http://www.nl.go.kr/kolisnet)에서 이용
  하실 수 있습니다. (CIP제어번호: CIP2016009721)

www.munhak.com